DIE

KOSENAMEN DER GERMANEN

VON

Dr. FRANZ STARK

II.

MIT EINEM ERLÄUTERNDEN ANHANGE

WIEN

AUS DER K. K. HOF- UND STAATSDRUCKEREI

IN COMMISSION BEI KARL GEROLD'S SOHN, BUCHHÄNDLER DER KAISERLICHEN AKADEMIE
DER WISSENSCHAFTEN

1866

In the interest of creating a more extensive selection of rare historical book reprints, we have chosen to reproduce this title even though it may possibly have occasional imperfections such as missing and blurred pages, missing text, poor pictures, markings, dark backgrounds and other reproduction issues beyond our control. Because this work is culturally important, we have made it available as a part of our commitment to protecting, preserving and promoting the world's literature. Thank you for your understanding.

DER

EHRWÜRDIGEN UNIVERSITÄT

RUPERTO-CAROLINA

ZU

HEIDELBERG

HOCHACHTUNGSVOLL GEWIDMET.

II.

Nicht so zahlreich und mannigfaltig in den Formen wie die auf *Verkürzung* beruhenden Kosenamen [1]) sind diejenigen, welche durch *Contraction* entstanden sind, doch ist die Schwierigkeit die ihnen zu Grunde liegenden Wortstämme zu erkennen hier meistens viel grösser als dort. Aus dieser Ursache sind auch nur wenige dieser Bildungen bisher ihrem Wesen nach erkannt, die meisten verkannt worden. Während man eine Reihe dieser Namen irrthümlich für verkürzte, aus éinem Wortstamme gebildete Formen hielt, hat man sich bei anderen der Verpflichtung sie in ihrem Kerne zu erforschen dadurch entzogen, dass man sie als verstümmelt bezeichnete.

Aber den Hemmnissen, die sich oft der wissenschaftlichen Forschung entgegenstellen, aus Bequemlichkeit auszuweichen ist unwürdig des Mannes, dem die Wissenschaft als Heiliges gilt, mit dem man weder spielen noch freveln soll. Ihn lockt vielmehr an, was den Miethling abschreckt, und gelangt er auf dem neu betretenen Pfade auch nicht an das sich vorgesteckte Ziel, so ist er doch seinen Nachfolgern ein beachtenswerther Wegweiser dahin.

Beseelt von diesem Gedanken habe ich keine Mühe gescheut die Hülle dieser räthselhaften Kosenamen zu durchbrechen und vorzugsweise der Erforschung friesischer Namen aus jüngerer Zeit eine Sorgfalt zugewendet, deren sie bis jetzt sich nicht zu erfreuen hatten.

---

[1]) Sitzungsberichte, LII. Bd., S. 257—346.

Als Grundlage der Untersuchung dienen auch hier nur solche contrahirte Namen, deren volle Formen urkundlich überliefert sind. Können aber derartige sichere Beispiele auch nicht in grosser Zahl nachgewiesen werden, so erscheinen die aufgefundenen doch verschiedenartig genug, um durch sie Aufklärung zu gewinnen für eine grosse Zahl jener contrahirten Kosenamen, deren volle Formen urkundlich nicht festgestellt sind.

Der vorliegende Versuch, der die Entstehung der in verschiedener Weise contrahirten Namen nachweist, die ungleichartigen Bildungen sondert und die gleichartigen verbindet, ist, insbesondere in diesem Umfange, auf dem Gebiete der Namenforschung der erste dieser Art und kann bei der ihm gegebenen Grundlage im Ganzen nicht verfehlt sein, sollten auch bei einzelnen Namen, vorzüglich bei friesischen, abweichende Ansichten sich geltend machen können. Mit Sicherheit hoffe ich auch der willkürlichen Deutung der contrahirten Namen, die in mancher wissenschaftlichen Schrift selbst heute noch hervortritt, durch diese meine Arbeit eine feste Schranke gesetzt und für eine fortschreitende Erkenntniss derselben einen sicheren Weg gebahnt zu haben.

Zusammengezogene Namen.

Von den Kosenamen, die durch *Verkürzung* der vollen Namen entstanden und im ersten Theile dieser Abhandlung erörtert worden sind, sondern sich jene, die auf *Contraction* beruhen. Der Unterschied beider besteht darin, dass in jenen nur éin Theil, in diesen beide Theile des zweigliedrigen Namens, freilich nur bruchweise, vertreten sind.

Die Kosenamen durch *Contraction* entstanden scheiden sich in zwei Hauptgruppen: in einfach zusammengezogene Namen und in Verkleinerungen der zusammengezogenen Namen.

A.
Einfach zusammengezogene Namen.

Der germanische Geist, regsam und vielseitig schöpferisch, hat sich bei der Bildung der contrahirten Namen nicht auf éine Contractionsart beschränkt. Wir finden auch hier jenen Reichthum an Formen, den wir schon bei den verkürzten Namen anzustaunen Veranlassung hatten.

Ich unterscheide auf Grund der verschieden contrahirten Namen drei Arten der Contraction.

Der Unterschied dieser contrahirten Formen tritt darin hervor, dass in ihnen bald das erste, bald das zweite Glied des vollen Namens vorherrschend vertreten ist, bald wieder beide Glieder desselben gleichmässig zum Vorschein kommen.

I.

Jene contrahirten Namen, in denen der *erste* Stamm des vollen Namens vorzugsweise vertreten ist, enthalten diesen entweder unverkürzt oder verkürzt, scheiden sich aber nicht dadurch, sondern je nach der Beschaffenheit jenes Theiles, der aus dem zweiten Stamme des ursprünglichen Namens in der Contraction beibehalten wird, in zwei Classen.

(Stark.)

1.

In den contrahirten Namen der ersten Classe erscheint der erste Stamm des vollen Namens, und dies unverkürzt oder verkürzt, vom zweiten Stamme aber nur der *anlautende* Consonant.

a) Unverkürzt zeigen den ersten Stamm folgende contrahirte Formen:

Cannabas = *Cannabaudes* (Gothenführer), a. 270. Vopiscus in Aureliano c. 22.

Felmus = *Felmirus* (Ocens. ep.), sæc. 9. Esp. sagr. 26, 81 [1]); Chron. Albeld. l. c. 13, 437.

Ervigii = *Erovigil* (Petrus), a. 1036. Marca hisp. n. 216, d. i. *Erovigildis.* Derselbe wird l. c. n. 217 *Petrus Ervigi* geschrieben [2]).

Ratpo = *Ratpoto* (advocatus, palatinus comes), sæc. 11. Trad. Emmer. n. 81. Quellen zur bayer. Gesch. 1, 36. Anm. 2. Vgl. auch *Ratpo,* a. 976. Synod. Baioar. Pertz, Mon. 4, B. 171, 27.

Ferner *Eger* Beninga, wie Brenneisen in der Vorrede pag. 7 den friesischen Geschichtschreiber *Eggerik* Beninga († a. 1562.) nennt, aber auch viele andere Namen, die bis jetzt keine oder, wie mich dünkt, eine irrige Erklärung gefunden haben, und die ich hier zusammenstelle.

Belbo, a. 680. Pard. n. 393 = *Belbert, Bilibert?* Vgl. *Belfridus,* a. 866. Cartul. de l'abbaye Beaulieu n. 3.

Lilpi (servus) a. 812. Dronke n. 273. Vgl. *Lilbertus* (miles) a. 1046. Miræus. Opera dipl. 1. pars 1. c. 45 p. 56, a.

Sulbo, a. 812. Schann. n. 237 = *Sulbert?* Vgl. *Suglibert,* a. 934. Marca hisp. n. 71.

Wolbo, sæc. 8—9. Cod. Lauresh. n. 3813. Vgl. *Wolbrant,* sæc. 9. l. c. n. 2279; *Wolfbrant,* l. c. n. 2205; *Wolpertus,* sæc. 8.

---

[1]) Vielleicht ist aber statt *Felmus* zu lesen *Felinus*, welche Form l. c. pag. 78 verzeichnet ist. Im Chron. Albeld. begegnet die Variante *Vellemirus*, doch vgl. *Filmera* (abbatissa), a. 972. Marca hisp. p. 899, n. 112.

[2]) Wegen des in diesem Namen anlautenden Stammes vergleiche man *Erovus*, a. 901 Marca hisp. n. 60; *Arvidio* (Astigitan. ep.) a. 693. Conc. Tolet. 16. Esp. sagr. 10, 110; *Ervedeus*, a. 898. HLgd. 2, n. 19; *Ervidus*, a. 675. Pard. n. 375.

l. c. n. 3533; *Wolbodo,* a. 1061. Lacombl. n. 197; *Woltberth,* sæc. 10. Cod. Laur. n. 532.

Nerbo, a. 812. Schann. n. 237; *Neribo,* a. 886. Necr. Fuld. Vgl. *Neriperaht,* a. 795. Schann. n. 108.

Beribo, c. a. 962. St. Mihiel en Lorraine. Förstem. col. 254 = *Beribert, Beribrand?* Vgl. *Perprand,* a. 752. Troja. Cod. dipl. Langob. 2 n. 663.

Liutpa f. (manc.) c. a. 985. Trad. Wizenb. n. 301. Vgl. *Liutpirc,* f. a. 830. Neug. n. 244; *Leotbertga* (d. i. *Leotberta*) manc. a. 814. Polypt. Massil. F. 9. Cartul. Sti Vict. 2, 637.

Raspo, c. a. 1130. Mon. August. n. 40, Mon. boica 1, 141; Bruder des Landgrafen Ludwig von Thüringen, a. 1221. Rein, Thur. sacra 1 p. 74 n. 30; sacerdos, filius *Lemberti,* a. 1204. Baur, Hess. Urk. 1 n. 289. Vgl. *Hraspod,* sæc. 9. Meichlb. n. 298; *Raspert* bei Goldast 2, 118 [1]).

Grinpus (filius *Teusperti*), a. 780. Murat. Antiq. Ital. 3, 1008. Vgl. *Grinbertus,* a. 664. Pard. n. 350; *Crinpert,* a. 773. Kausl. n. 15; *Grinepert* bei Goldast, 2, 115. Oder steht *Grinpus* für *Gripus?*

Rampo (comes et marchio) a. 823. Marca hisp. lib. 4 pag. 348 und 354, wahrscheinlich contrahirt aus *Ranipert, Ranipald,* d. i. *Raginpert, Raginpald.* Vgl. *Rampaldus,* a. 856. Odorici 4 p. 48. Auch *Rampa* f. a. 1045. Fatteschi n. 96 erklärt sich durch *Raneperga,* a. 867. Mittarelli, Ann. Camald. 1 n. 6 col. 21; *Ramberga,* sæc. 8. Polypt. Irm. 62, 18. Der Sohn jener *Rampa* heisst *Rainerius.*

Trumbo in dem thüringischen Ortsnamen *Trumbestorph,* a. 874. Dronke n. 610 (vgl. Eberhard c. 38 n. 290) = *Trump(er)to,* Klosterneub. Todtenb. 4. Id. Mart. Archiv 7, 279 [2]), wenn nicht statt *Trumo (Trumestorph).* Vgl. *Drummaresdorf,* sæc. 9. Wenk 2 p. 17 n. 12; *Thrummunt,* a. 879. Necr. Fuld. Dr. Trad. p. 71 c. 4; *Dromo,* a. 1064. Cartul. Sti Vict. n. 703.

Impo, sæc. 10. Fatteschi n. 7; *Ymbo,* a. 975. Necr. Fuld. Vgl. *Imbertus,* sæc. 12. Cod. Trad. Claustroneob. n. 270; Cod. Patav. n.

---

[1]) Denselben Stamm im Anlaute zeigen *Rasolt,* c. a. 1130. Mon. August. n. 4f Mon. b. 1, 141; *Rasfolt* bei Goldast 2, 106.

[2]) Vgl. im Chron. Sax. ad a. 681: *Trumbriht,* Hagustald. ep.

16, Mon. boica 28. 119; *Innebertus*, a. 885. Fumagalli n. 126. *Impo* behauptet sich in der Reihe dieser Contractionen auch dann, wenn dieser Name statt *Ampo, Innebertus* statt *Annebertus* stehen sollten.

Hampo, sæc. 9. Wigd. Trad. Corb. 263. Vgl. *Hambertus* (Friese) sæc. 10. Eberh. c. 7 n. 114.

Hamfo, sæc. 10. Eberh. c. 5 n. 174 = *Hamafrid? Hampo* und *Hamfo* können hier kaum aus *Ambert* = *Amalbert* oder *Anbert* und aus *Amfrid* = *Amalfrid* oder *Anifrid* erklärt werden. (Vgl. *Amabertus*, a. 851. Cartul. de Cormery n. 19; *Anbertus*, a. 836. Beyer 1. n. 64; *Amfridus* (Brix. ep.) a. 838. Odorici 4 p. 28; *Anifrid*, c. a. 970. Günther n. 22).

Zemfo, sæc. 8. Verbr. v. St. P. 100, 28 = *Zemifrid?* Vgl. *Zemidrud* f. sæc. 10. l. c. 107, 9.

Auch *Wamba* (Westgothenkönig), a. 672. Isid. Chron. reg. Visigoth. Opera tom. 7. App. 4. p. 187, 31 [1]) verdient hier berücksichtigt zu werden.

Es scheint zwar noch immer die einmal ausgesprochene Ansicht zu gelten, dass dieser Name durch das gothische Wort *vamba* (Leib, Bauch) zu erklären sei; allein die in ihr liegenden Widersprüche sind so auffällig, dass ich ihr nimmermehr zustimmen kann. Vor allem erheben sich jener Auffassung gegenüber, der zufolge *Wamba* doch nur Beiname sein kann, die Fragen: Wie kommt es denn, dass die Zeitgenossen jenes Königs seinen wirklichen Namen — und ein solcher wird ihm doch eigen gewesen sein — nicht aufgezeichnet, sondern unberücksichtigt gelassen und der Vergessenheit übergeben haben? Wie kommt es denn, dass selbst der König den angeblichen Beinamen, der doch ein Spottname war, auf seine Münzen prägen liess?

Eine befriedigende Antwort liegt nur in der Annahme, dass *Wamba* eben nicht Beiname jenes Gothenkönigs war [2]). Als wirk-

---

[1]) *Bamba* (rex) in Mon. Sil. chron. 5. Esp. sagr. 17, 272.

[2]) Das Chron. Sebast. (Esp. sagr. 13, 478) berichtet, dass Wamba, von Allen zum Herrscher erwählt, Anfangs die Annahme der Krone ablehnte, sich dem Drängen des Heeres aber unfreiwillig fügte und zur Krönung nach Toledo begab. Hier geschah es nun, dass bei der Salbung zum Könige in Gegenwart aller Anwesenden eine Biene von seinem Haupte zum Himmel aufflog. Und, fügt der Chronist hinzu, dies that der Herr zur Andeutung künftiger Siege, die später auch wirklich erfolgt

licher Name aber kann *Wamba* nicht durch „Bauch" erklärt werden, und es ist demnach für ihn eine andere Bedeutung zu suchen.

Nach Rasche Tom. 6 pag. 957 erscheinen auf Münzen auch die Formen *Wanba* und *Waba* und sie sind jedenfalls ursprünglicher als *Wamba*.

Welche von beiden Formen, oder ob nicht eine dritte als die rein germanische betrachtet werden darf, mag einer späteren Untersuchung vorbehalten bleiben. Hier soll nur die Form *Wanba* festgehalten und ihre Erklärung versucht werden.

Nehmen wir *Wanba* als die echte Form und in *Waba* Ekthlipsis des *n* an, so kann sie, wie die vorher betrachteten Namen, durch Contraction entstanden sein, und zwar aus *Wanbert*, a. 789. Neug. n. 117; *Wambert*, sæc. 8, Cod. Lauresh. n. 899; *Wamperht*, sæc. 8. Verbr. v. St. P. 93, 37; *Guamberto*, a. 898. Tiraboschi 2 n. 56; *Wanpald*, sæc. 9. Meichlb. n. 586; *Wanpald*, a. 861. l. c. n. 710; *Wambalt*, sæc. 9. Cod. Lauresh. n. 3367 oder aus *Vandebercth* a. 657. Pard. n. 330; *Wantbert*, a. 861. Kausl. n. 136 u. dgl.

Dass die Westgothen die Stämme *wan* und *wand* zur Bildung der Personennamen verwendet haben, zeigen *Wanagodus* (vicecomes) a. 968. Marca hisp. n. 107; *Marvanus* (decanus) a. 917. Esp. sagr. 34, 447; *Wanduricus*, a. 862. HLgd. 1 n. 88; *Segnovanda* f. a. 977. Marca hisp. n. 121; *Guanta* (masc.), a. 994. l. c. n. 143.

Doch wie schon bemerkt wurde, lässt die Form *Waba*, aber auch *Wamba*, noch andere Erklärungen zu, die, mag nun die eine oder die andere richtig sein, jedenfalls zu der Erkenntniss führen, dass *Wamba*, als Personenname, seiner Bedeutung nach sich den übrigen germanischen Namen anschliesst und mit dem gothischen Appellativ *vamba* lautlich nur zufällig stimmt.

Beachtung verdient auch, dass den Namen *Wamba* schon früher ein Diakon trug, der im Jahre 638, bei dem sechsten Concilium in Toledo, Vikar des Bischofs Anton von Segovia war: „*Wamba* qui et Petrus diaconus".

Hier würde auch anzureihen sein *Vecta*, ein Sohn Vodans, mit dem nach Beda 1, 15 die Reihe der Herrscher von Kent beginnt,

---

sind. — Vielleicht gestattet diese Sage, die meinem Wissen nach wenig bekannt zu sein scheint, eine Verwerthung für die mythologische Forschung.

falls Grimms Ansicht (Myth. Stammt. XXIII.) richtig wäre, dass der kentische *Vecta* mit dem deirischen *Vägdāg*, der auch als Sohn Vodans bezeichnet wird, identisch sei. Meiner Meinung nach liegt es aber näher, *Vecta (= Vihta)* für identisch zu halten mit dem mercischen Könige *Vihtläg* im Chron. Sax. ad a. 626, der gleichfalls ein Sohn Vodans genannt wird. Doch *Vecta* kann auch die Verkürzung eines anderen der vielen mit *viht* gebildeten angelsächsichen Namen sein. Vgl. dieser Abhandlung ersten Theil, S. 275. Ein Abt *Wecta* ist verzeichnet a. 706. Kemble 1 n. 58.

Ob *Bonimo* (Joannes gloriosus comes qui vocatur *Bonimo*), a. 953. Fantuzzi 1, n. 185 = *Bonino* (vgl. *Punin*, sæc. 8. Meichelb. n. 11) oder aus *Bonemirus*, a. 918. HLgd. 2, n. 42 contrahirt ist, lässt sich nicht mit Sicherheit bestimmen.

b) Die Verkürzung des anlautenden Stammes erfolgt in den contrahirten Namen, wie in den vollen Formen, in zweifacher Weise: entweder durch eine der Arten, die im ersten Theil dieser Abhandlung, vorgeführt worden sind [1]) oder durch Apocope seines auslautenden Consonanten.

α. In ersterer Art verkürzt erscheint der anlautende Stamm in folgenden contrahirten Namen:

Aelbo = *Adelboldus* (Ultraject. ep.) sæc. 11. Gesta episc. Leod. Pertz, Mon. 9, 137, 12; a. 1015. Gesta episc. Camerac. l. c. pag. 469, 12 [2]). Vgl. auch *Elbo* Meneldæus (d. i. des Meinold Sohn), a. 1282. Ubbo Emm. l. 12 p. 177 und *Albe* f. sæc. 9. Wigd. Trad. Corb. 354, welcher Name = *Alburga* aufgefasst werden könnte, wenn nicht daselbst 240 *Albmer* statt *Alfmer* vorkäme. Zweifelhaft sind *Almo* bei Goldast 2, 96, dann in Outzens Gl. 422 und vielleicht contrahirt aus *Alman*, a. 844. Kausl. n. 110; *Almunt*, sæc. 9. Dronke n. 245; *Almer*, sæc. 9. Wigd. Trad. Corb. 466 oder, wie wahrscheinlich *Almo*, a. 869. Marca hisp. n. 31, durch Metathesis aus *Amalo* hervorgegangen.

Ermigii = *Ermenegildi* (Egas) a. 1090. Ribeira 3 p. 45 n. 8 [3]); a. 1087. l. c. p. 41 n. 7.

---

[1]) Sitzungsberichte LII. Bd. S. 288 fg.
[2]) Mit der Variante *Albaldus*.
[3]) Derselbe wird l. c *Egas Ermigizi* genannt. Das Patronymicum *Ermigizi* führt auf *Ermigo, Ermigius*. Vgl. l. c. Gontina prolis *Eroni* neben Gontina *Eriz*.

Raimo (Aurel. ep.) a. 887. Conc. Turon. Vgl. *Raimarus*, sæc. 9. Polypt. Rem. 60, 13; *Raymundus*, a. 942. Marca hisp. n. 78.

β. Verkürzung des ersten Namensstammes durch Apokope des auslautenden Consonanten zeigen:

Gepa = *Gerpirga* (Tochter Konrad's von Burgund), sæc. 11. Reg. et imper. catal. Pertz, Mon. 5. 215, 30 und Index. Die Ekthlipsis des *r*, die in *Gepa*, statt *Gerpa*, erscheint, zeigen auch die Namen *Agrimus* (Lingon. ep.), a. 909. Perard p. 59 = *Argrimus*, l. c. p. 55; *Geprandus*, a. 996. Murat. Antiq. Ital. med. ævi 1. Dissert. 7. col. 383; *Gaifredus*, sæc. 8. Polypt. Irm. 133, 7, dessen Mutter *Gairbolda* (der Vater *Daifredus*) heisst. Der Frauenname *Gertrud* wird in dem aus dem vierzehnten Jahrhundert stammenden Necrologium von St. Pölten fast ohne Ausnahme *Getrudis* geschrieben. Vgl. meine im 34. Bande des Archivs für österr. Geschichtskunde abgedruckten Berichtigungen zu dem Necrologium von St. Pölten im 21. Bande der Fontes rerum Austriacarum.

Thiemo = *Thietmarus* (Merseb. ep.), a. 1017. Erh. Cod. dipl. hist. Westf. 1 n. 93; „*Thiadmarus* Hildeshem. ep. Daniæ oriundus… barbarice *Tymme* (var. *Tymmo*) vocabatur", sæc. 11. Hamburg. eccl. pontif. 2, 114, Pertz, Mon. 9, 333, 9—11; *Tima* f. sæc. 9. Verbr. v. St. P. 69, 13 = ? *Dimut* f. sæc. 12. Cod. trad. Claustroneob. n. 291 oder *Dietmuota* f. l. c. n. 33. Vgl. auch *Tiamma* (comes), a. 1015. Erhard, Cod. dipl. hist. Westf. 1 n. 87; fries. *Tymo*, a. 1420. Egger. Ben. l. 1 c. 217 p. 209.

Gumpo = *Cumpolt* de Rorenbach, sæc. 12. Schenkungsb. des St. Obermünster n. 73, Quellen z. bayer. Gesch. 1 p. 195 und 201; *Gumpo*, sæc. 11. Trad. Emmer. n. 66 l. c. p. 31; Cod. Patav. n. 101. Mon. boica 28; sæc. 12. Cod. trad. Claustroneob. n. 204; *Cumpo*, a. 1017. Mittarelli 1 n. 95. Vgl. *Gumprandus*, a. 780. l. c. n. 2 col. 9; *Gumpertus*, a. 829. Fatteschi n. 48.

Bribo, a. 786. Kausl. n. 32, wenn nicht gleich dem früher erwähnten *Beribo*, etwa entstanden aus *Britobald*, *Britobert*. Vgl. *Britobaudes*, a. 533. Pard. n. 118; *Pridker*, a. 783. Neug. n. 84; *Bretlandus*, a. 829. Perard p. 18; *Britogisil* (Willelmus de *Britogisilo*). sæc. 12. Cart. Sti Petri Carnot. p. 560 n. 54; *Brithardus*. sæc. 12. l. c. p. 270 n. 10.

Gubo, sæc. 8. Cod. Lauresh. n. 2456, aus *Gudbald, Gudbert?* Vgl. *Gudpert* bei Goldast 2, 100; *Gobertus*, a. 982. Gesta episc. Virdun. Pertz, Mon. 6, 46, 52.

Wobo und *Wolbo* wird sæc. 8—9. Cod. Lauresh. 3, n. 3813 dieselbe Person genannt. Siehe ahd. *Woppo*, fries. *Wobbo.*

Gaipo, a. 1000. Fatteschi n. 76, schwerlich aus *Garipald, Garipert, Gariprand*, dagegen wahrscheinlich aus *Gaidbald* u. dgl. contrahirt. Vgl. *Gaidepertus,* a. 777. Fatteschi n. 32; *Gaipertus,* a. 910. Frisi 2 n. 10 p. 16, a.

Rubo, sæc. 8. Cod. Lauresh. n. 3497 = *Rodbertus?* Siehe *Ruppo.*

Teupo, a. 1218. Cod. Wang. n. 142 p. 322. Vgl. *Teupald,* a. 841. Lupo 1, 759; *Teupert,* a. 970. l. c. 2, 295; *Teuprando,* a. 998. Mittarelli 1 n. 60 col. 141; *Dibbold,* sæc. 11. Saracho (Falke) p. 8. n. 111; *Dipold,* sæc. 8. Cod. Lauresh. n. 2669 und friesisch *Tiebbo.*

Trubo, bei Graff 5, 491 aus *Trudbert?* Vgl. *Truperht,* sæc. 10. Vrbr. v. St. P. 126, 32.

Hilbo, sæc. 8. Cod. Lauresh. n. 429; *Ilbo* bei Graff 1, 243. Vgl. *Hiltebald,* sæc. 8. Cod. Lauresh. n. 2203; *Hilbertus,* sæc. 9. Polypt. Rem. 89, 2; *Ilbertus,* a. 953. Mittarelli 1 n. 19, *Hilprant,* sæc.? Verbr. v. St. P. 76, 15; *Ilprant,* sæc. 9. Meichlb. n. 544.

Lampo, a. 926. Honth. n. 146 = *Lampert* d. i. *Landpert.* „*Lampe* enim contractum *Lamberti* nomen et adhuc plebi nostrae hoc modo in usu est." Eccardi præfat. ad Leibn. Collect. etym. p. 42. Vgl. auch Meine *Lampen,* a. 1428. Oldenb. Lagerb. Fries. Arch. 1, 445.

Lumpe (Petrus dictus L.), a. 1367. Baur, Hess. Urk. 1 n. 1125 p. 192; neuhochd. Familienname *Lumbe.* Vgl. *Luntbert,* a. 730. Schöpfl. n. 11; *Lumbertus,* a. 1277. Lamey, Cod. dipl. Ravensb. p. 53 n. 52.

Palma f. sæc. 9—10. Verbr. v. St. P. 81, 27 = ? *Palmuot* f. (sæc. 10. Cod. Patav. 1 n. 91, Mon. boica 28) d. i. *Paldmuot.* Vgl. *Palmarus* de Halse, c. a. 1143. l. c. n. 7 p. 105 = *Paldamarus* de Halse, a. 1150. Mon. boica 4 p. 243 n. 34.

Ubo = *Ubertus* (d. i. *Hugibert*) a. 1101. Ann. Bologn. 1, App. n. 86 zeigt eine Ektlipsis des Kehllautes ¹). Dieselbe Erscheinung tritt hervor in:

Sibo, sæc. 11. Falke. Saracho 1 n. 4, welcher Name, wie aus *Sibigelt*, a. 846. Kausl. n. 113 ersichtlich wird, eine Verkürzung, aber auch aus *Sibold*, *Sibert* u. dgl. contrahirt sein kann. So wird *Sibet* (d. i. *Sibelt*, *Sibolt* = *Sigibald*), Schwestersohn des Grafen Ulrich I., auch *Sibo* geschrieben in Egger. Ben. chron. l. 2 c. 37 p. 307 ad a. 1440 ²).

Ribo, a. 1275. Cod. dipl. Lubec. 1 n. 363. Vgl, *Ripert*, a. 822. Meichlb. n. 439; *Riprandus*, a. 945. Lupo 2, 206. Zu trennen sind *Hripo*, sæc. 9. Wigd. Trad. Corb. 228; *Folcrip* (Friese), sæc. 10. Eberh. c. 7, n. 70; *Sigrep* (Friese), sæc. 10. Crecel. 1, 15; *Hriffo*, sæc. 9. Meichelb. n. 430 u. a. ³), die durch altn. *hrip* n. opus tumultarium, altfriesisch *reppa*, nordfries. *rippe*, bewegen (Outzen Gl. 285) erklärt werden können.

Simo bei Goldast 2, 108; *Syme*, sæc. 9. Wigd. Trad. Corb. 271; *Seymo*, a. 1022. St. Mihiel en Lorraine. Förstem. col. 1084. Vgl. *Siman* (d. i. *Sigiman*) sæc. 10. Frek. Heber.; *Simer*, sæc. 9. Wigd. Trad. Corb. 305; *Seymarus*, a. 763. Perard p. 10; *Siemar*, a. 1071. Beyer 1 n. 371; *Symod*, sæc. 9. Wigd. Trad. Corb. 186; *Seimundus*, a. 893. Beyer 1 n. 169. Durch Anfügung eines *n* wurde der germanische Name *Simo* oft dem biblischen *Simon* gleich gemacht.

Auch *Wimo*, sæc. 9. Meichlb. n. 312 ist vielleicht = *Wigmar*, *Wigmund*. Vgl. den später erwähnten friesischen Frauennamen *Weime*.

Fulmo (Elenens. ep.) a. 836. Marca hisp. n. 10 = *Fulcomerus* (a. 783. Perard p. 12)? Wegen *fulc*- in Marca hisp. vergleiche man n. 36, a. 878. *Fulcrada* f.

---

¹) *Hucboldus* (pbr.), a. 860. Urkdb. v. St. G. n. 470 wird daselbst auch *Huppoldus* geschrieben. — Wahrscheinlich ist auch *Hufo*, sæc. 8. Cod. Lauresh. n. 466 = *Hugifrid*, und *Huba* f., a. 892. l. c. n. 3325 = *Hugiberta*, *Hugiburga*.

²) *Sibet*, auch *Siptet*, Häuptling in Oostringe und Rustringe, a. 1429. l. c. l. 1. c. 234, p. 255 fg. wird in der Hamburger Chronik ad a. 1433 *Sibolt* genannt. Egger. Ben. l. 2, c. 6 Anm. Siehe Anhang 1.

³) Vielleicht auch *Rippe*, a. 1426. Oldenb. Lagerb. Fries. Arch. 1,461; *Ripperick* f. bei Seger. *Rippod* (Friese), sæc. 10. Crecel. 1, 15, dann *Rippert Ripperda*, a. 1422. Egger. Ben. l. 1, c. 221, p. 226, können im Anlaute mit *rip*-, aber auch mit *rich*- gebildet sein.

Der ganzen Reihe schliesst sich noch an der spanische Name *Fern* (Fernad *Ferns* d. i. Fridenandus *Fridenandi* filius), a. 1286. Esp. sagr. 35, 454 = *Fernand, Ferdinand* d. i. *Fridenand*. *Ferdinandus* Gonsalvi (comes in Castella), a. 860. Ann. Compost. Esp. sagr. 34, 271 wird l. c. auch *Fredenandus* Gundisalviz geschrieben. Die Form *Ferrandus*, a. 1089. HLgd. 2, 301 statt *Fernandus* lässt annehmen, dass *Ferro* (pbr.), a. 920. Esp. sagr. 16, 430 eine Nebenform zu *Fern* oder aber eine Verkürzung und demnach = *Fero* d. i. *Frido* ist.

Auch die nun folgenden Namen gehören zur voranstehenden Reihe: sie zeigen gleichfalls eine Verkürzung des anlautenden Compositionstheiles durch Apokope der auslautenden Consonanz, unterscheiden sich aber durch die Gemmination des aus dem zweiten Wortstamme herübergenommenen anlautenden Consonanten. Bei mehreren dieser Namen beruht, wie schon erwähnt wurde, die Doppelconsonanz auf einer Assimilation.

Tammo = *Tankmarus*, sæc. 10. Thietm. chron. Pertz, Mon. 5, 737, 14. Vgl. friesisch *Tamme* (Hermen *Tammen*), sæc. 16. Fries. Arch. 1, 421, und Anhang 2.

Die der Assimilation des *n* zu *m* vorhergegangene Ekthlipsis des *k* in *thank-* zeigt schon die volle Form *Thanmarus*, a. 976. Synod. Baioar. Pertz, Mon. 4, B. 171, 27; die bereits vollzogene Assimilation erscheint in *Tammarus*, a. 1259. Cod. dipl. Lubec. 2 n. 31. Die gleiche Lautveränderung begegnet in der vollen Form *Ymmar* statt *Hincmar* (Remens. archiep. † a. 881.), Ann. Elnon. Pertz, Mon. 7, 19, und es ist nicht unwahrscheinlich, dass der Name *Immo*, *Himmo*, in der Regel = *Irmo*, bisweilen auch aus *Hincmar* durch Contraction entstanden ist. Ebenso kann *Dammo* (sæc. 11. Trad. Emmer. n. 54, Quellen z. bayer. Gesch. 1, 27), *Damo* (pbr. c. a. 1100. Mone, Quellen z. bad. Gesch. 1, 217) aus *Dagmar* contrahirt sein. *Dagemarus* de Heimbag, a. 1189. Beyer 2 n. 98 wird n. 201 a. 1202. *Damarus* geschrieben.

Pammo, sæc. 9. Meichelb. n. 296; *Pamo*, sæc. 9. Wigd. Trad. Corb. 296; *Bammin*, a. 846. Neug. n. 315 etwa aus *Palmo* = *Paldemar* u. dgl. entstanden. Vgl. den vorher erwähnten Namen *Palma*.

Ob *Gemma* f., a. 854. Lupo 1, 762; sæc. 12. Göttweig. Saalb. p. 96 n. 73, aus *Germuth* (mancip.) a. 1156. l. c. p. 98

n. 376 ¹) oder aus *Ginmuota* (vgl. *Gimmunt*, sæc. 8. Cod. Lauresh. n. 1354) contrahirt oder, wie *Imma* aus *Irma*, aus dem verkürzten Namen *Germa* ²) durch Assimilation entstanden ist, lässt sich nicht mit Sicherheit bestimmen.

Abbio (dux Saxonum) a. 785. Ekkeh. chron. un. Pertz, Mon. 8, 167, 2 = *Albio*, a. 785. Annal. Saxo. l. c. pag. 561, 10; *Albion*, a. 785. Sigeb. chr. l. c. pag. 335, 11. Siehe *Aelbo* = *Adelboldus*. Vgl. auch nordfries. *Eeb (Ebbe)* statt *Albert*, Johansen, Nordfriesische Sprache S. 18.

Rubbo, sæc. 8. Cod. Lauresh. n. 352; *Rupo*, sæc. 8. Meichlb. n. 131; *Ruppo* neben *Roppo* (vir nobilis), a. 1006. Mittarelli 1 n. 76 = *Ruodbald*, — *bert*, — *prand*. Vgl. *Ruppert*, sæc. 8. Cod. Lauresh. n. 2081; *Ropbert* (Erzkanzler der Kaiser Otto I. und II.), a. 974. Erh. Cod. dipl. hist. Westf. 1 n. 62; *Roppertus*, a. 998. Fatteschi n. 74; *Robbert*, a. 1428. Oldenb. Lagerb. Fries. Arch. 1, 471; *Rupold*, a. 817. Dipl. imp. n. 15, Mon. boica 31 pag. 37; *Ruprant*, a. 1006. Lacombl. n. 145.

Zuppo, a. 775. Neug. n. 59; *Zoppo*, a. 824. Meichlb. n. 450, vielleicht aus *Zutpald*, *Zotpert* contrahirt, welche Namen jedoch bis jetzt nicht nachgewiesen sind. Vgl. aber *Zotolt*, sæc. 8. Cod. Lauresh. n. 2312; *Zudamar* in dem Ortsnamen *Zudamaresfelt*, a. 995. Diplom. imper. n. 171, Mon. boica 28, a; *Zuto*, a. 811. Neug. n. 174; *Zotto*, sæc. 8. Meichlb. n. 274. Oder ist *Zuppo* aus *Zulpo* entstanden? Vgl. den später folgenden Namen *Zulpilo*.

Cobbo, a. 889. Erh. Cod. dipl. hist. Westf. 1 n. 40; sæc. 9. Wigd. Trad. Corb. 253; a. 947. Lacombl. n. 97; sæc. 9. Cod. Lauresh. n. 532, reiht sich hier an, wenn nicht durch Assimilation aus *Corbo* oder *Colbo* entstanden. Vgl. *Colobert*, sæc. 8. Cod. Lauresh. n. 1566; *Coloboz* (mancip.), l. c. n. 1548; *Colo*, l. c. n. 2250; *Colona* f., l. c. n. 758. Alamannisch und bairisch *Coppo* würde, gleich einem fränkischen und sächsischen *Gobbo*, auf *Kotpolt* u. dgl. zurückzuführen sein. Vgl. *Choppoldesdorf*, sæc. 13. Liber fund. mon. Zwetl. p. 439.

---

¹) Vgl. *Kemmulo*, sæc. 8. Verbr. v. St. P. 42, 18; *Kermunt*, sæc. 9. l. c. 42, 30; *Gemmunt*, c. a. 841. Mon. Niederalt. n. 8. Mon. boica 11, 112.

²) Vgl. *Germo*, sæc. 9. Meichlb. n. 629; *Ghermo*, sæc. 9. Wigd. Trad. Corb. 343; *Germana* f., a. 814. Polypt. Massil. H. 19; N. 1, Cart. Sti Vict. 2, 643; 653; *Garmnericus*, a. 637. Dipl. et chartae Meroving. n. 5.

Joppo, a. 863. Dronke n. 586; *Jóppo*, sæc. 11. Verbr. v. St. P. 3, 16. Vgl. *Joperht*, a. 905. Ried n. 93; *Eoperht*, sæc. 9. Meichlb. n. 451, aber auch *Eodbert*, a. 704. Pard. n. 460. — In *io-*, *eo-* sehe ich althochd. *îwa* (Eibe), mittelhochd. *îwe*, *ybe* (Eibe, Bogen). Die letztere Bedeutung, die ihren Ursprung in der bekannten Thatsache hat, dass der germanische Bogen aus (Ulmen- und) Eibenholz geschnitzt wurde, wird zur Erklärung der genannten Personennamen, dann von *Ivo*, sæc. 9. Wigd. Trad. Corb. 228; *Iva* f., sæc. 8. Polypt. Irm. 94, 126 und des aus der Geschichte und Sage bekannten Frauennamen *Jolanta* (vgl. *Eolindis* f. sæc. 9. Polypt. Rem. 36, 28) festzuhalten sein [1]).

Oppo, a. 811. Necr. Fuld. wird nicht, wie *Ubo*, = *Hugbert*, sondern, da *Opizo* (S. 481) sicher = *Otbert* ist, als Contraction von *Otpert* u. dgl. aufzufassen sein. Vgl. *Opperth* (Elwang. abb.), a. 1035. Ann. Hildesh. Pertz, Mon. 5, 100, 21; *Oppoldus*, sæc. 12. Cod. trad. Claustroneob. n. 333. Vgl. fries. *Ubbo*, *Obbo*.

Wippo (Metens. abb.), a. 858. Mon. Met. n. 3, Mon. boica 11, 424; sæc. 9. Verbr. v. St. P. 97, 15. kann aus *Witpold*, *Witpoto*, *Witpert* oder aus *Wigpold* u. dgl. contrahirt sein. Vgl. *Wibertus*, Variante zu *Wigbertus* (Papst), † a. 1100. Ann. Ottenbur. Pertz, Mon. 7, 8; *Wibbertus*, a. 773. Cod. Lauresh. n. 328; *Wippertus* a. 856. Kausl. n. 125; *Wippoto*, a. 1321. Rechnungsb. des Kl. Aldersbach. Quellen z. bayer. Gesch. 1, 464 [2]). Siehe angels. *Wyppa*, friesisch *Wibo*.

Wippa f. sæc. 11. Mon. Bened.-Bur. n. 3, Mon. boica 7, 45. Vgl. *Wicpurc*, sæc. 11. l. c. pag. 41; *Witpurc*, f. bei Goldast 2, 129; *Wyôpurch* f. a. 1022. Kble 4 n. 734; *Widpurga*, a. 1025. HLgd. 2, 157; *Guipurgis*, sæc. 11. Cart. Sti Petri Carnot. p. 224, c. 101.

Rappo (mons *Rapponi*), a. 998. Mittarelli 1 n. 6, col. 142, verkürzt aus *Radpald*, *Radpert*, *Radpoto*. Vgl. *Rapbodo* (Franke), a. 856. Fatteschi n. 53; *Koning Rabbodes weg*, a. 1514. Egger. Ben. l. 3 c. 229 Anm. p. 605. Vgl. *Rabbe* bei Seger, wenn nicht = *Robbe*.

---

[1]) *Jolanta* halte ich für die romanische Form des germanischen Namens *Iwolint*, *Jolint*. Vgl. *Yolendis* (uxor Rotberti II. comit. Drocar.), a. 1208. Cartul. Paris. pag. 299, 17.

[2]) *Wippo* kann auch aus *Willibert* u. dgl. contrahirt sein. Vgl. *Wiboerdt* van Schaumborch, a. 1498. Egger. Ben. l. 3, c. 36, *Wiboerdt* c. 37; bei Ubbo Em. Rer. fris. hist. l. 37, p. 561 *Wilibrord*.

Luppo, a. 780. Kausl. n. 38; *Liuppo* (Friese), sæc. 10. Crecel. Index bon. 1. 13; *Libbo*, sæc. 11. Falke. Saracho 1 n. 189; *Luppo*, a. 1378. Egger. Ben. l. 1 c. 161, welcher l. c. c. 165 *Luppoldus* genannt wird; *Ljobbe*, *Ljeubbe* in Epkemas Wb. 565; *Lübbe* bei Outzen 441 = *Liudbold*, *Liudbert* u. dgl. Vgl. *Liupprant* bei Goldast 2, 103; *Lupprandus*, a. 896. Tirab. 2 n. 53; *Luppoldus* (Wormat. ep.), a. 1196. Beyer 2 n. 154; *Lippolt* von Rade, a. 1529. Brenneisen 1 l. 5 n. 3 p. 155; *Lubbertus* Leo (consul. Groning.), a. 1327. Ubbo Erm. l. 13 p. 195; *Libbertus*, a. 1177. Cod. dipl. Lubec. 1 n. 5; *Lübbert* in Outzens Gl. 441. Hieher gehört vielleicht auch *Liupa*, f. a. 962. Lacombl. n. 105 neben *Liuppurch* f. a. 1200. Beyer 2 p. 372.

Woppo, a. 960. Honth n. 171; sæc. 11. Trad. Emmer. n. 65, Quellen z. bayer. Gesch. 1, 30; *Wobbe*, sæc. 14. Cod. dipl. Lubec. 2 p. 1054. Vgl. *Wolper*, a. 814. Ried n. 17; *Wolpertus*, sæc. 8. Cod. Lauresh. n. 3533; *Wolbrant*, sæc. 9. l. c. n. 2279; *Wolbodo*, a. 1061. Lacombl. n. 197; *Wolfperht*, sæc. 9. Verbr. v. St. P. 20, 44; *Wolfbrant*, sæc. 9. Cod. Lauresh. n. 2256.

Woppa f. sæc. 10? Verbr. v. St. P. 157, 46; *Wobbe* f. a. 1334. Cod. dipl. Lubec. 2 n. 808, p. 752. Vgl. *Wolprin*, f. sæc. 10. Verbr. v. St. P. 107, 12; *Wolfpirin* f. sæc. 9. l. c. 69, 16; *Wolfpurc* f. sæc. 9? l. c. 70, 27.

Nippo bei Goldast 2, 104. Vgl. *Nidpert*, l. c.; *Nithbald*, a. 853. Honth. n. 87.

Noppo, sæc. 11. Trad. Emmer. n. 83, Quellen z. bayer. Gesch. 1, 37 aus *Notpert*, *Nortpert*, *Norpert* u. dgl.?

Hier dürfte auch angereiht werden der jetzige Familienname *Zippe* = *Zitbold* oder *Zilbold*, wenn oberdeutschen, = *Sigbold*, wenn niederdeutschen Ursprungs. Vgl. *Zippoldus* de Hirtzberg, a. 1162. Cod. dipl. Lubec. 1 n. 2 = *Sigpold*, *Sipold*.

Affo, sæc. 8. Verbr. v. St. P. 87, 7 = *Adalfrid*, *Alfrid*. Vgl. *Affredus*, (= *Al-fred*), sæc. 10. Fatteschi n. 70 und Kosen. 1, 280.

Offo, a. 739. Trad. Wizenb. n. 159, dürfte bisweilen auch aus *Otfrid* contrahirt sein. Vgl. *Auffridus* (= *Audfrid*), a. 715. Troja. Cod. dipl. Langob. 3 p. 195 und Kosenamen 1, 279: *Offa*, *Uffo*.

Siffo, a. 788. Meichlb. n. 626 = *Sigfrit*. Vgl. *Seffridus* ep. c. a. 744. Kemble. 5 n. 1010; *Siffredus*, a. 782. HLgd. 1 n. 5; *Sif-*

fridus neben *Sigefridus* (Mogunt. nec non Colon. archiep.) a. 1070. Nic. de Sigen p. 233 (Edit. Wegele. Jena. 1855).

Niffo, a. 797. Kausl. n. 45. In dieser Urkunde steht unter den Namen der Leibeigenen *Niffodenca;* allein hier dürften zwei Namen, *Niffo* und *Denca*, irrig verbunden sein, Vgl. l. c. n. 101 a. 839. *Deinka;* n. 136 a. 861. *Thenka,* beide Namen von Leibeigenen. *Niffo* scheint contrahirt zu sein aus *Nitfrit.* Vgl. *Nifridus* (Eliberit. ep.), a. 904. Esp. sagr. 12, 107; *Nifredus*, a. 1070. Marca hisp. n. 280, doch auch *Niwifrid*, a. 873. Necr. Fuld. Dr. Trad. c. 4.

Boffo, saec. 9. Cod. Lauresh. n. 3539, auch in den Ortsnamen *Boffeshus*, saec. 9. Wigd. Trad. Corb. n. 348, *Buffileba*, a. 874. Dronke n. 610. Vgl. *Bodefrit*, a. 853. Honth. n. 87; *Buticho*, a. 837. Dronke n. 507 u. a.

Goffo (manc.), a. 841. Dronke n. 534; a. 1196. Cod. Wang. n.59. Vgl. friesisch *Goffo* Roorda, saec. 12. M. Hamconis Frisia fol. 42 = *Gotfridus* Roorda, bei Ubbo Emm. l. 6 p. 99; *Goffridus*, a. 943. Marca hisp. n. 79. Italienische Form dieser Contraction *Goffo* scheint zu sein.

Zuffus, a. 1163. Fantuzzi 2 u. 72. Vgl. *Zufredus*, a. 1148. l. c. n. 67 und *Soffredus*, a. 1196. l. c. n. 87 [1]) = *Gutfredus?* Vgl. im Cod. Wang. *Zelemia* (notarius), a. 1214. n. 125 = *Geremia*, n. 124; *Zermondia* f. a. 1218. n. 140 = *Germunda; Wizardus*, a. 1222. n. 149 = *Wighard; Rizardus*, a. 1262. n. 198 = *Ricardus; Zuliana* f. a. 1222. n. 144 = *Juliana; Zordanus*, a. 1244. n. 188 = *Jordanus*, a. 1234. n. 170.

Liuffo, a. 890. Dipl. imper. n. 72, Mon. boica 28, 102; *Liufo*, a. 890. Ried n. 72, vielleicht auch *Liuf* (manc.), a. 837. Dronke n. 502; *Lyuf*, a. 1057 l. c. n. 756 = *Liutfrit.* Vgl. *Lufridus*, saec. 10–12. Beyer 2, p. 381, *Loiffridus* (decan. Remens.), a. 1120. Miraeus, Op. Tom. 3, p. 4, c. 92, pag. 668, b.

Nuffus, a. 920. Neug. n. 705 = *Nutfrit?* Vgl. *Nutrich*, bei Graff 2, 390; *Nuti*, a. 875. Neug. n. 484.

Ruffo, Roffo mag gleichfalls oft aus *Rufridus, Roffredus (= Hruodfrid)* contrahirt sein.

Hier schliesst sich auch an der italienische Name *Maffei* = *Manfred*, d. i. *Meginfrid.* Vgl. *Meffridus* de Nûmagen. a. 1202. Beyer 2, n. 207 = *Menfridus* de N., n. 209.

---

[1]) Friesisch *Suffridus* ist = *Sigfrid*.

Becco sive *Bertigarius,* a. 713. Trad. Wizenb. n. 232.

Wie *Becco* können auch *Hroggo, Wikko* und andere derartige Namensformen als hieher gehörende Contractionen betrachtet werden.

Hroggo, a. 752. Dronke n. 5; *Roggo,* a. 863. Necr. Fuld. c. 4. Dr. Vgl. *Roggangus,* sæc. 8. AS. Febr. 25, p. 452, b = *Chrodegang; Roggarius* (Carcasson. comes), a. 981. HLgd. 2 n. 116.

Wikko, sæc. 9. Verbr. v. St. P. 23, 40 kann eine verkürzte Form [1]), aber auch aus *Witker* oder *Wihker* contrahirt sein. Vgl. *Wikker,* a. 901. Ried n. 88; *Wikger,* sæc. 9. Wigd. Trad. Corb. 428; *Wiggar,* sæc. 8. Cod. Lauresh. n. 283; *Witgarius,* sæc. 8. Verbr. v. St. P. 115, 26; *Wiggarius* vel *Widogerius* (abb. Uttenburh.), a. 864. Bruschius C. Chronologia monast. Germaniæ præcip. p. 633, 4 (Sulzbaci. 1682. 4º).

Dieselben verschiedenen Namensformen dieser ersten Contractionsart finden sich auch bei den Angelsachsen und Friesen und ich lasse Beispiele dafür nun gesondert nachfolgen.

Contrahirte angelsächsische Namen sind:

Tilba (Sta), sæc. 7. AS. Mart. 6, p. 441 = *Tilburg?* Vgl. *Tilbercht,* sæc. 9. Liber vitæ eccl. Dunelm. 9, 1; *Tilbaeth,* l. c. 21, 9. Namen mit *til-* componirt waren bei den Angelsachsen beliebt. Ich stelle aus der zuletzt genannten Quelle und dem neunten Jahrhundert zugehörig noch hieher *Tilbald* 41, 1; *Tilfrith* 1, 1; *Tilred* 43, 2; *Tilisi* (d. i. *Tili-sig*) 10, 1; *Tilthegn* 10, 2; *Tiluald* 27, 2; *Tiluuini* 21, 3. Ihnen entsprechen rücksichtlich des anlautenden Stammes die altdeutschen Namen *Ciliman* ep. a. 752. Dronke n. 5; *Zilward,* sæc. 8. Cod. Lauresh. n. 253; *Zilimund,* sæc. 9. l. c. n. 259; *Cilger,* a. 962. l. c. n. 105; *Cilaldus,* a. 1003. Mittarelli 1, n. 71.

Earbe, sæc. 9. Liber vitæ 41, 2 = *Earnbeorn,* sæc. 12—13. l. c. 48, 1 oder *Eardberct?* Vgl. *Eargið* f. l. c. 5, 1; *Eardulf; Eardhelm,* l. c. 39, 2; 41, 3.

Echba, sæc. 9. Liber vitæ 10, 1. Vgl. *Ecgberct,* sæc. 9. l. c. 1, 2; *Egbalð* (abbas), a. 686. Chron. Sax.

Norbe, sæc. 12—13. Liber vitæ 80, 3 = *Norberta?*

Oms (minister), a. 856. Kemble 5, n. 1056, p. 113 scheint zu stehen für *Osmund* (minister), a. 854. l. c. n. 1054 und 1055 und

---

[1]) Noch heute wird *Ludwig* in *Wicki* verkürzt.

demnach durch Metathesis aus *Osm* entstanden. Ist diese Vermuthung irrig, so wird *Oms* als keltischer Name zu betrachten sein.

Cnebba, a. 568. Chron. Sax. = *Cneuberht, Cneubald?* Vgl. *Cneuburg* f. saec. 8. Bonif. ep. 160. Der Anlaut dieser Namen zeigt *cneó* n. generatio. In *Cnebba* erscheint *cneó* zu *cné* verkürzt. Grimm. Gramm. 1³, 362. Durch denselben Stamm erklären sich die gothischen Namen *Cniva*, saec. 3, Jorn. 18; *Cnivida* saec. 5, l. c. 22 ¹).

Wyppa (mercischer König), saec. 6. Chron. Sax. ad a. 626. Anm. 1. Vgl. *Wipped*, a. 463. l. c.; *Wibald* (comes), saec. 7. Kemble 5, n. 14; Vibertus (ep.), a. 801. l. c. n. 64. Neben *Wyppa* begegnet aber auch die Form *Pybba*, und sie ist in den Handschriften des Chron. Sax. vorherrschend. Otterbourne p. 31 aber verzeichnet die Variante *Bilba* und sie veranlasst an eine Contraction aus *Biliberct, Bildberct* u. dgl. zu denken. Vgl. in Liber vitae, saec. 9. *Bildhaeth* 20, 3; *Bilhaeth* 28, 2; 36, 2; *Bilhelm* 34, 2; *Bilfrith* 27, 1; *Bilstan* 28, 1; *Biluualch* 29, 3; Siehe auch ahd. *Belbo*.

Tibba (Sta), saec. 7. AS. Mart. 6, p. 441 mit der Variante *Tilba*, bei der im Voranstehenden nachzusehen ist. Vgl. *Tippa* in *Tippanburn*, a. 1062. Kemble 4, n. 813, p. 157; *Teppan hyse*, a. 765—791. l. c. 1 n. 160; *Tiba* (cler.), c. a. 802. l. c. n. 181, wenn nicht, wie ich vermuthe, = *Tida* in der folgenden Urkunde; *Tibbœlde lac*, saec. 9. Kemble 5 n. 1069; *Tibbald* (vielleicht = *Tidbalth*) a. 738. l. c. 1 n. 85.

Ceobba, a. 778—781. Kemble 1, n. 146 = *Ceolberht* (princeps), a. 777. l. c. n. 131? Bischof *Ceolberht*, a. 838. l. c. Tom. 5 n. 1045, wird n. 1034, a. 825. *Ceobberht* geschrieben.

Ceofa (diaconus), a. 824. Kemble 1, n. 218 ist als Contraction von *Ceolfrið* (*Ciolferthus*, dux, a. 811. Kemble 1, n. 197, p. 247) wenn auch wahrscheinlich, doch minder sicher.

Cobba (on *Cobban* leá), c. a. 910. Kemble 5, n. 1094, p. 179. Vgl. im Liber vitae eccl. Dunelm. saec. 12: *Colbein* 6, 1; *Colbrand*

---

¹) Förstemann stellte diese Namen Sp. 319 zu ags. *cnif* (culter); Dietrich aber meint in Pfeiffer's Germania 11, 197, dass jene beiden Gothen „vom Knie" (goth. k n i u) „benannt waren". Letzterer hat meiner Ansicht nach wohl das rechte W o r t, nicht aber die rechte B e d e u t u n g erfasst.

77, ferner *Colewis* 5, 3; *Coleman* 70, 3; *Colgrim* (sæc. 13) 54, 2; *Cola*, a. 1001. Chron. Sax. [1]). Siehe auch ahd. *Cobbo*.

Im Anschluss an diese Namen lassen sich vielleicht auch erklären:

Taebba (abbas), a. 692. Kemble 1, n. 34 aus *Taetberht* (d. i. *Tâtberht*) sæc. 9. Liber vitæ 10, 2 = ahd. *Zeizperht*. Vgl. *Taetica*, sæc. 9. Liber vitæ 20, 3. Dieser Stamm *tât*, der bei den Friesen in der Form *têt* im Auslaute vieler Namen begegnet[2]), erscheint auch bei den Angelsachsen häufig, doch hier fast ausschliesslich im Anlaute der Namen. Vgl. im Liber vitæ, sæc. 9: *Tatfrith* 24, 1; *Tathelm* 21, 3; *Tatheri* 21, 1; *Tathysi* 10, 1; *Tatmon* 36, 3; *Tatsuid* f. 3, 1; *Tatuulf* 37, 1; *Tatae* f. 3, 3.

Ceorra (diac.), c. a. 802. Kemble 1, n. 181 = *Ceólred?* Ein Abt *Ceolred*, a. 841. l. c. 2 n. 248 wird n. 247 *Ceorred*, ein Bischof *Ceolred*, n. 242 wird n. 258 a. 845. *Ciorred*, n. 277 *Ciored* geschrieben [3]).

Demma (pbr.), sæc. 9. Liber vitæ 9, 3 = *Dênmar* (d. i. *Deginmar*)?

Tumma, sæc. 9. Liber vitæ 25, 1 = *Tunmar?* Vgl. *Tunberht* (ep.), a. 852, Chron. Sax.; *Tunfrith*, *Tunwald*, sæc. 9. Liber vitæ 23,3; *Tuna*, a. 738. Kemble 1, n. 85; clericus, a. 966. l. c. 3. n. 529.

Ob auch *Pymma*, sæc. 9. Liber vitæ 91 = *Byrnmar* ist, mag dahin gestellt bleiben, doch vergleiche man *Byrnstan* (ep.), a. 932, Chron. Sax.; *Byrnric*, a. 956. l. c. 5 n. 1187 und vielleicht auch *Bynna*, a. 732. l. c. 1 n. 77 = *Byrna*.

Aus der Reihe der friesischen Namen stelle ich, als wahrscheinlich durch dieselbe Contractionsart entstanden, folgende Kosenamen hieher:

Wilpa (masc.), sæc. 8. Mart. Hamconis Frisia fol. 64. Vgl. *Wilbrand*, sæc. 10. Crecel. 1, 17; a. 1248. Fries. Arch. 2, 351; *Wilbald*, a. 793. Lacombl. n. 2, aber auch *Wildberht* u. dgl.

---

[1]) Vgl. auch *Colo* (miles), a. 1066. Kemble 4, n. 825, p. 189; *Colonia* f., sæc. 8. Polypt. Irm. 63, 30.

[2]) Vgl. Crecelius. Index bonorum 1, sæc. 10: *Aitet* 11; *Auutet*, *Bentet*, *Entet* 17; *Euitet* 28; *Geltet*, *Hebetet*, *Hoitet* 15; *Liaftet*, *Meintet* 27; *Popetet* 14; *Rauantet*, *Wentet*, *Wiftet*, *Wiltet* 27; *Tete* 15; *Teta* 27; *Tetica* 15.

[3]) Ob *Beorra* (ep.), sæc. 8. Kemble 5 n. 1001 = *Beornred* (abbas a. 858. l. c. n. 1058) sei, ist zweifelhaft, doch vgl. *Beoreð* a. 997. l. c. 3 n. 698 p. 301 = *Beornhreð?*

(Stark.)

Wulbe Eyneken, a. 1477. Egger. Ben. l. 3, c. 128, Anm. pag. 376. Siehe ahd. *Wolbo.*

Hompo Haijena, a. 1484. Ubbo Emm. l. 27, p. 423 [1]) = *Hompold, Hombert* d. i. ahd. *Hambolt, Hambert.* Vgl den früher erwähnten Namen *Hampo.* Zur Erklärung dient fries. *homa,* altsächs. *hamo* (tegmen).

Hymba (masc.), a. 1447. Fries. Arch. 2, 374; *Himba,* sæc. 16. l. c. 1, 336. Ich vermuthe im Anlaute des vollen Namens, aus dem *Himba* contrahirt ist, denselben Stamm, der in *Hinrick, Heinrich* erscheint. Vgl. *Hyno,* a. 1263. l. c. p. 1. 423.

Memba (masc.), *Membe,* a. 1306. in Haupt's Zeitsch. 10, 296. Vgl. *Membern* l. c. p. 304 (d. i. *Mênbrand, Meginbrand*); *Menbold,* sæc. 10. Crecel. 1, 16; *Meginbraht* l. c. 1, 23.

Wempe, Männer- und Frauenname, bei Seger, = *Wênbold, Wênburg?* Mit fries. *vên* = ahd., altsächs. *wân* (Glanz, glänzende Schönheit), sind auch gebildet die friesischen Namen *Wêntêt,* sæc. 10. Crecel. 1, 27; *Wêning,* l. c. 1, 12. Altsächsisch sind l. c. *Wanniger* 5; *Wanlef, Wanrad* 8.

Aeybe, sæc. 16. Fries. Arch. 2, 109; *Aybe* (Olryck *Ayben),* l. c. pag. 112, *Eibe* Heringius, a. 1516. Ubbo Emm. l. 49. p. 761 = *Egibert* u. dgl. oder = *Aylbe, Ailbe,* d. i. *Egilbrand, Egilbold, Egilbert?* Johansen Chr. (Die nordfries. Sprache, S. 18) verzeichnet *Eeb,* d. i. *Ebbe* = *Albert.* Vgl. *Aepe* im Patronymicum *Aepinus* (Joannes), a. 1550. Ubbo Emm. l. 59, p. 941, dann *Aiboldus* Alberda, a. 1479. Ubbo Emm. l. 28, p. 432; *Eilbern,* sæc, 10. Crecel. 1, 16; *Eilherd,* 14; *Eiluuard* 15; *Eldei* 16; *Egildag* 23. Siehe ahd. *Abbo.*

Wibo Bottinga, a. 1422. Ubbo Emm. l. 19, p. 289, *Wiebe* bei Egger. Ben. l. 1, c. 221, p. 226. Vgl. *Wibet* l. c.; *Wigbolt,* a. 1231. l. c. l. 1 c. 101, dann bei Crecelius 1, sæc. 10: *Wibod* 24; *Wibad* 17; *Wibraht* 22; *Wibrund* 14. Siehe ahd. *Wippo.*

Sibo, a. 1440. Egger. Ben. l. 2, c. 37. Siehe ahd. *Sibo.*

Robe (Hobbeke *Roben),* a. 1428. Oldenb. Lagerb. Fries. Arch. 1, 454. Siehe ahd. *Ruppo.*

---

[1]) Vgl. auch Hajo *Homponius,* a 1442. Ubbo Emm. l. 23 p. 354 = Hayo *Ompteda;* Ejusd. Schediasma de nominibus famil. nob. in Frisia.

Harm in Outzen's Gl. 434, auch im Patronymicum *Harmena* (Wybrant), a. 1420. Egger. Ben. l. 1 c. 217 = *Harmen* d. i. *Herman*. *Harmen* Cater, ad a. 1363. Ubbo Emm. Fasti consul. reipubl. Groning. wird ad a. 1364. *Herman* Cater geschrieben.

Weime f. bei Seger = *Wimode* f. (sæc. 10. Crecel. 1, 21), *Wymede* f. (sæc. 15, Fries. Arch. 1, 134)? Bei Seger ist auch der Mannsname *Weide* = *Wide* ¹). Siehe ahd. *Wimo*.

Vielleicht sind auch die Frauennamen *Folkem*, sæc. 16. Fries. Arch. 1, 425, dann *Iddem* und *Rickem* bei Seger hieher zu stellen. Vgl. *Folkemet* f., sæc. 16. Fries. Arch. 1, 425; *Ryckmeth* f. l. c. pag. 423; *Jitmuth (Itmuot*, Pistor.), sæc. 10. Eberh. c. 38, n. 16. Siehe Anhang 2 (S. 485) und 3.

Den Frauennamen *Frour, Fravre, Fraura* in Outzen's Gl. 431 reihe ich hier nicht an. Siehe Anhang 4.

Wobbo (Uffo *Wobbonis)*, sæc. 12. Ubbo Emm. l. 23, p. 259; *Wubbe*, a. 1428. Oldenb. Lagerb. Fries. Arch. 1, 459. Vgl. *Wolbert* in Outzen's Gl. 458; *Wulber* (d. i. *Wulbrand)*, im Patronymicum *Wulbering* (Henneke), a. 1428. Fries. Arch. 1, 444. Vgl. fries. *Wulbe*, ahd. *Wolbo, Wobo, Woppo*. Hier ist aber zu beachten, dass der friesische Häuptling Hajo *Wibenius*, a. 1397. Ubbo Emm. l. 16, p. 231, bei Egger. Ben. l. 1, c. 178 Haye *Wubbena* geschrieben wird ²). Da hier *i* die Stelle von *u (o)* zu vertreten scheint, so werden *Wilpa* (S. 451), *Hymba* (S. 452) und ähnliche Formen noch näher zu prüfen sein.

Ubbo, sæc. 10. Crecel. 1, 21; *Ubbe* ³) bei Seger und im Patronymicum *Ubbema* (Ulbetus), a. 1445. Ubbo Emm. l. 23, p. 359 = *Ulbodus* (a. 1435. Egger. Ben. l. 2, c, 19), *Ulbet* (a. 1445. l. c. l. 1, c. 217, p. 209), *Ulbrand* (sæc. 10. Crecel. 1, 15) u. dgl. Vgl. Menolt *Ubbinga*, a. 1422. Egger. Ben. l. 1, c. 221, p. 226 = Meinoldus *Ulbinga*, a. 1422. Ubbo Emm. l. 19, p. 289. Siehe ahd. *Oppo*.

---

¹) Vielleicht aber ist *Weime* = *Ween*. Siehe *Wempeke* und Anhang 2.

²) Vgl. *Wimke, Wumke* f. und Betto *Hinkena* = Betto *Hunkena* im Anhang 2, S. 479 und 480, wo *u* statt *i* stehen dürfte (Grimm, Gramm. 1³, 407).

³) Auch fries. *Obbo* ist = *Ubbo*. So wird Taco *Obbana* (a. 1494. Ubbo Em. l. 32, p. 499) l. c. l. 38 ad a. 1499 Taco *Ubbema* geschrieben. *Hobba* f. sæc. 10. Crecel. 1, 27; *Hobbe* m., a. 1426. Fries. Arch. 2, 366 enthalten entweder unorganisch *h* im Anlaute oder etwa den Stamm *hôde* (Obhut), ahd. *huot*.

3*

Luppo, a. 1378. Egger. Ben. l. 1, c. 161. Siehe ahd. *Luppo*.

Foppo Boltinga, a. 1422. Egger. Ben. l. 1, c. 121, p. 225; *Foppe* Tiarda, a. 1490. Ubbo Emm. l. 29, p. 450 = *Folkbald, Folkbracht, Folkbrand?* Vgl. *Folcbald* in dem fries. Ortsnamen *Folcbaldesthorp*, sæc. 10. Crecel. 1, 23; *Folpertus* Emnertna, a. 1277. Egger. Ben. l. 1, c. 125.

Tiebbo, sæc. 15. Ubbo Emm. l. 28, p. 437; *Tebbe* im Patronymicum *Tebbing* (Tideke), a. 1428. Oldenb. Lagerb. Fries. Arch. 1, 456. Vgl. *Thiadbrund*, sæc. 10. Crecel. 1, 16; *Tyadbrent*, a. 1473. Brenneisen 1. l. 4, n. 1, p. 97; *Tiabbern* (Hoitet), a. 1557. l. c. l. 5, n. 43, p. 213; *Tetbundus* Duding, a. 1428. Fries. Arch. 2, 351; *Dibbaldus*, erster König der Westfriesen, sæc. 4, nach M. Hamco, Frisia, fol. 32.

Tippe f. bei Seger. Vgl. angelsächs. *Tibba, Taebba*.

Rubbe m. bei Seger. Siehe ahd. *Rappo*.

2.

In den contrahirten Namen dieser Classe ist gleichfalls das erste Glied des vollen Namens, und zwar meistens verkürzt, vorherrschend vertreten, vom zweiten Gliede aber erscheint nur die *auslautende* einfache oder Doppelconsonanz.

Die Beispiele für diese Contractionsart finden sich, die drei ersten ausgenommen, alle in jüngerer Zeit und nur bei den niederdeutschen, insbesondere bei den friesischen und nordischen Stämmen. Man beachte:

Eburnus = *Eburwinus*, a. 831. Neug. n. 249;

Gagand[1]) = *Gaganhard*, sæc. 9. Chron. Benedictobur. Pertz, Mon. 11, 232, 16; 20;

Leodego (= *Leoderich*) im Patronymicum *Leodeguz* (Froila), a. 984. Ribeira 1, n. 8, p. 199 = *Leoderiguz* l. c.

Gosen[2]) von Dulk = *Goswinus* Dulchius, a. 1463. Ubbo Emm. Fasti consul. reipl. Gron. De agro Frisiæ p, 288; Ejusd. Hist. l. 28, p. 432;

---

[1]) So ändere ich das im Druck erscheinende *Gangand*.
[2]) *Gosen* wird hier kaum als verkleinerte Verkürzung aufzufassen sein.

Evert Hubbeldingen = *Eberhardus* Hubbeldingus, a. 1478. Ubbo Emm. Fasti consul. reip. Gron. De agro Frisiæ p. 290; Ejusd. Hist. l. 28, p. 432 [1]);

Gerdt = *Gerhard* (Graf von Oldenburg), a. 1464. Diplom. Brem. n. 14. Menken, Script. 1, 603 [2]);

Bernd, a. 1428. Oldenb. Lagerb. Fries. Arch. 1, 451. Vgl. *Berent* Horneken = *Bernardus* Hornkenius, a. 1482. Ubbo Emm. Fasti cons. Gron. l. c. p. 291; Ejusd. Hist. l. 28, p. 432; *Barnd*, im Patronymicum *Barnda* (Wilhelm), a. 1607. Ubbo Emm. Catal. deputat. De agro Frisiæ p. 91;

Arnd, sæc. 15. Fries. Arch. 1, 325; *Arent* (statt *Arnet*) in Outzen's Gl. 423 = *Arnold*. Vgl. *Armet* (d. i. *Arnet*), von Oynhuesen, a. 1515. Egger. Ben. l. 3, c. 189 = *Arnoldus* Oijenhusius, a. 1515. Ubbo Emm. l. 48, p. 747;

Aint im Patronymicum *Aindisna* (Ailt), a. 1405. Egger. Ben. l. 1, c. 190 = *Aynnert* (Lyuwert *Aynnerdesna*), sæc. 15. Fries. Arch. 1, 337; *Enhard*, sæc. 10. Crecel. 1, 14;

Meint Hilligedach, a. 1501. Egger. Ben. l. 3, c. 61, p. 483; *Ment* im Patronymicum *Mentenesna* (Boro), a. 1376. Egger. Ben. l. 1, c. 157 = wangerogisch *Meinert*, Fries. Arch. 1, 340; *Menhard*, sæc. 10. Crecel. 1. 14; vielleicht auch = *Menold* l. c. Vgl. *Minith* m. bei Seger.

Reint Garmes = *Reiner* (d. i. *Reinert* [3]) Garmes, a. 1538 und 1537. Ubbo Emm. Fasti cons. l. c. p. 84; *Renit*, *Rinit* m. bei Seger. Vgl. auch *Reindsena* (Folpetus), a. 1277. Ubbo Emm. l. 11, p. 175.

Aylt Memeken, sæc. 16. Fries. Arch. 1, 421; *Ayld*, sæc. 15 — 16. l. c. pag. 337 = *Agilold*, *Eilold*. Vgl. *Ailt* Allena, a. 1379. Egger. Ben. l. 1, c. 167 = *Aijoldus*, filius Folmari Allena, a. 1379. Ubbo Emm. l. 15, p. 216 und 211 [4]).

---

[1] *Evert*, in weiterer Verkürzung *Eert* (a. 1455. Egger. Ben. l. 2 c. 72) dürfte wahrscheinlicher aus der Form *Evehert* durch Syncope der Spirans *h* entstanden sein.

[2] *Gerdt* kann bisweilen auch = *Goerdt*, *Gord* d. i. *Godhard* sein.

[3] Siehe Anhang 5.

[4] *Ailt*; *Aylet*, sæc. 16. Fries. Arch. 1, 420 kann aber auch contrahirt sein aus *Aylard*, a. 1447. l. c. 2, 372; *Eylerd*, a. 1428. Oldenb. Lagerb. Fries. Arch. 1. 433.

Aelt f., sæc. 11. Egger. Ben. l. 1, c. 75; *Eyelt* bei Seger = *Egiolda; Egilolda*, vielleicht auch = *Eilet, Eilert*, d. i. *Eilgert*. Vgl. *Hillet* f. = *Hillert, Hildegerd*.

Harld (Haye *Harlda*), a. 1436. Fries. Archiv. 1, 508 = *Harold, Herold*. Ich sehe im Patronymicum *Harelda* (Hajo), a. 1383. l. c. pag. 119 neben *Harl* (Haijo *Harl*esius, a. 1416. Ubbo Emm. l. 18, c. 264), in welcher Form der auslautende Dental geschwunden ist, und *Harldes* (Haye), a. 1435. Fries. Arch. 1, 505, *-elda* nicht, wie in *Onnekelda, Wymkelde* u. a., als Patronymica bildende Silbe, sondern = *old (wald)* an [1]).

Wert, a. 1328. Cod. dipl. Lubec. 2, n. 489, p. 435 ist wahrscheinlich, wie *Wernt* (miles), sæc. 12. Dronke. Cod. n. 812 aus *Wernhart* contrahirt, oder, wie *Wierd*, a. 1442. Brenneisen 1, l. 3, n. 19, p. 67 = *Wighart*, sæc. 10 Crecel. 1, 16; *Wygert*, sæc. 16. Fries. Arch. 1, 420. Wegen *Wiet* = *Wiert* siehe Anhang 5.

Sirt im Patronymicum *Sirtema (Siverdus)*, a. 1191. Ubbo Emm. l. 7, p. 114 = *Sihart, Sigihart?* vielleicht auch = *Siurt*. Vgl. *Röhrd*.

Wilm bei Seger = *Wilhelm*. Vgl. angelsächs. *Willem*, sæc. 12—13. Liber vitæ eccl. Dunelm. 79, 1 mit Ekthlipsis des *l* vor *m*. Aus dieser Form kann die von M. Hamco (Frisia, fol. 31) angeführte Verkürzung *Lemus* (d. i. *Lem)* für *Guilhelmus* (zweiter Herzog der Westfriesen im vierten Jahrhundert) entstanden sein.

Von altnordischen Namen schliessen sich hier an:

Bárðr, Eyrb. s. c. 156 = *Bárröðr, Báruðr* und *Þorðr*, Eyrb. s. c. 10 = *Þorröðr, Þoroðr, Þoroddr*. [2]). Vgl. Eyrb. s. Ed. Guðbrandr Vígfússon. Vorrede LI und Egilsson Lex. p. 38 und 915.

---

[1]) In *Harelda* dient *-a*, wie in *Harldes -es*, zur Bildung des Patronymicum. Vgl. Menno *Houwerda*, a. 1397. Egger. Ben. l. 1. c. 178; Sibrant *Tjarda*, a. 1420. l. c. c. 217, p. 209; Aiboldus *Alberda*, a. 1479. Ubbo Emm. l. 28, p. 432; Bolo *Ripperda*, sæc. 16. Fries. Arch. 1, 334, dann Tyarck *Dureldes*, sæc. 16. Fries. Arch. 2, 110 = Tyarck *Durels* l. c. 1, 419; Heer *Alwerykes*; Hemke *Hyllerdes*, sæc. 16 l. c. 1, 419; 421; Hanneke *Houedes*, a. 1428. Oldenb. Lagerb. Fries. Arch. 1, 452.

[2]) *Þor-* in diesen Namen erkläre ich durch altnord. *þorinn* (audax) und ich schreibe daher nicht *Þórdr, Þórröðr, Þóroddr* wie Vígfússon und Egilsson, welche die Verwendung des Götternamens *Þórr* in Personennamen anzunehmen scheinen.

Ðord (minister), a. 1023. Kemble 4, n. 737; Ðored (idem) l. c. n. 739 [1]); Ðuryd (minister), a. 1032. n. 746 ist kein angelsächsischer, sondern ein normännischer Name und daher wie Þorðr zu erklären.

II.

Die zweite Contractionsart erzeugt Namen, in welchen der *zweite* Stamm des vollen Namens vorzugsweise verwendet erscheint.

Die contrahirten Namen dieser Art zerfallen gleichfalls in zwei Classen.

1.

Die Kosenamen der ersten Classe zeigen aus dem vollen Namen den zweiten Compositionstheil vollständig, aus dem ersten Theile aber nur den **anlautenden** Consonanten aufgenommen.

Hieher gehören:

Sulf (minister), a. 954. Kemble 5, n. 1171, vielleicht = *Sewlf* (minister), a. 1019. l. c. 4, n. 729. Vgl. auch *Seulfus*, sæc. 13. Liber vitæ 44, 3 und *Sulff* Gran, a. 1436. Liber censual. episc. Slesvic. Langeb. Scr. 7, 493.

Tholf (Trondem. ep.), sæc. 11. M. Adami gesta Hamburg eccl. pontif. 3, 206, Pertz, Mon. 9, 366, 17, wahrscheinlich, wie *Dulfr* in Worm. Mon. dan. l. 3 p. 170, = Þorólfr, Þorúlfr.

Tricus (Graf von Cleve), a. 1160. Sybe Jarichs Corte Kronyk p. 443 = *Tidricus* durch Vermittelung der Form *Diricus* (a. 1506. Ubbo Erm. l. 43 p. 667).

Auch Þrándr Stigandi in Eyrb. s. c. 61 dürfte wenn gleich jener Name mit dem Appellativ *prandr* (aper) zusammenfällt, aus Þidrandr in Laxd. s. p. 364 (Hafn. 1826. 4°), verkürzt, und

Gormr in S. Ólafs Tryggv. c. 64 (Fornm. s. 1, 111) = *Guðormr* sein.

---

[1]) Die in dieser Urkunde genannten Zeugen Ðurcð und Ðorcð, beide als „minister" bezeichnet, werden in nr. 741 (a. 1024) Ðorð und Þorð geschrieben. In der nr. 345 (a. 1032) wird einer dieser Ðorð „Ðurcylles nefa" genannt.

2.

Bei den Kosenamen der zweiten Classe ist aus dem vollen Namen das zweite Glied gleichfalls vollständig, vom ersten Gliede aber nur der **auslautende** Consonant verwendet.

Als sichere Belege kann ich nur beibringen:
Corona, auch *Chrona* = *Mucuruna* (Tochter des Burgunderkönigs Chilperich), sæc. 5. Greg. Tur. 3, 28;
Nardus = *Eginardus*, sæc. 9. Theodulfi Aurel. ep. versus de Carolo M. et ejus liberis. Du Chesne. Hist. Franc. Scr. 2, p. 647 (Edit. Paris. 1636. Fol.).

Die Seltenheit hieher gehöriger Beispiele scheint anzudeuten, dass diese Contractionsweise, zumeist ein Spiel der Gelehrsamkeit, nie volksthümlich geworden war.

III.

Die Kosenamen der dritten Contractionsart enthalten die beiden Stämme des vollen Namens gleichmässig verkürzt, lassen aber dennoch ebenfalls zwei Classen unterscheiden.

1.

Bei den hieher gehörenden Contractionen der ersten Classe hat das erste Glied des vollen Namens, wenn es nicht bereits, wie *al*, *ul*, *ran* aus *adal*, *uodal ragin*, verkürzt ist, den auslautenden Consonanten, das zweite Glied aber den inlautenden Vocal und die folgende Liquida, falls der auslautende Consonant mit einer solchen gebunden ist, durch Syncope verloren. Ist der Anlaut des zweiten Wortes die Spirans *w*, so wird sie nach der Syncope des ihr folgenden Vocals vocalisirt.

Belege dafür liefern fast ausschliesslich nur friesische Namen.
Dirck, (Graf von Holland) neben *Diederich*, a. 984. Egger. Ben. l. 1 c. 68; *Tiarcho* Walta, a. 1398. Ubbo Emm. l. 16 p. 230; *Tyarck*, sæc. 14., *Tyaryck*, a. 1420. Fries. Arch. 1, 133; 132; wangerogisch *Thiárk*, *Thiôerk*, nach dem Fries. Arch. 1, 304; *Derk* Schaffer, a. 1463. Ubbo Emm. Catal. hovetmannor. in civit.

Gron. De agro Frisiæ p. 88; *Dierk*, in Outzens Gl. 427; *Diric*-us, a. 1537. Ubbo Emm. l. 58 p. 899.

Frerk (auch süddänisch), in Outzen's Gl. 431; *Frerk*, im Brem. Wb. 1, 450; wangerogisch *Frárk*, Fries. Arch. 1, 340 = *Frederick*, a. 1433. Fries. Arch. 2, 370 ¹).

Sirck Mellama, a. 1422. Egger. Ben. l. 1 c. 221 p. 226 = *Siric*-ius Mellama, a. 1443. Ubbo Erm. l. 23 p. 359 ²), d. i. *Sigerik;* bei Crecel. 1, 16. *Sirik*. Vgl. auch *Serk*, sæc. 13. Liber vitæ eccl. Dunelm, 51, 3; *Syrych*, a. 1263. Fries. Arch. 2, 423; *Sirtze*, *Zirtze*, *Zircke* im Patronymicum *Sirtzena* und *Zirtzena* (Ulrich), a. 1373. Egger. Ben. l. 1 c. 151; *Zirckzena* (Edsardt), a. 1441. l. c. l. 2, c. 41; *Zirick* m. bei Seger ³).

Wirk, in Outzen's Gl. 457 = *Wiederick*, im Dithmars., auch *Widrik*, *Widdirk* l. c., doch wahrscheinlich auch = *Wigerik*. Vgl. *Wiric*, sæc. 9. Wigd. Trad. Corb. 258; *Wiricus* (Friese), sæc. 10. Crecel. 1, 25.

Diurt-us Sibbinga, a. 1391. Ubbo Emm. l. 15, p. 223 = *Thiadward*, sæc. 10. Crecel. 1, 16; *Detwart*, a. 1428. Oldenb. Lagerb. Fries. Arch. 1, 487.

Lyurt im Patronymicum *Lyursna* (Gayko), a. 1443. Fries. Arch, 2, 370 = *Luert*. *Luerdus* Aindsena, a. 1312. Ubbo Emm. l. 13, p. 190 ist = *Luwert* (idem), a. 1312. Egger. Benn. l. 1 c. 137, d. i. *Liudward*, sæc. 10. Crecel. 1, 16. Vgl. *Liawart* Halling, a. 1428. Fries. Arch. 2, 351 = *Liafward*, *Liafhard*.

Siurt Wiarda, a. 1398. Ubbo Emm. l. 16, p. 320 = *Sivardus* Wiarda, a. 1419. l. c. l. 18. p. 274; *Siwert* Wiarda, a. 1422. Egger. Ben. l. 1, c. 221, p. 226. Vgl. *Ziurt* ⁴) m. bei Seger.

---

¹) Hier ist aber zu berücksichtigen, dass altfries. *frethe*, *frede*, *ferd* neufries. *free* lautet (Richth. Wb. 760), bei *Frerk* demnach nur *i* in *rik* syncopirt ist. Die volle neufries. Form ist *Freryk*, sæc. 16. Fries. Arch. 1, 418. Siehe Anhang 6.

²) Derselbe *Sicco* Melema l. c. l. 19, p. 289. Auch hier ist zu beachten, dass ahd. *sigu* = altfries. *si* ist.

³) Statt *s* erscheint *z* auch in *Zicke* m. bei Seger = *Sicke* d. i. ahd. *Sigiko* oder *Sidiko* (fries. *Ziddick* m. bei Seger); *Zitze* f. bei Seger = *Sitze* f.? a. 1442 Egger. Ben. l. 1, c. 221, p. 226 d. i. *Sicke* (*Sidike?*); *Zy'kke* f. bei Seger; *Ziurt* bei Seger = *Siurt*; *Ziamme* f. l. c. vgl. *Siammo* Boyen, 1447. Fries. Arch. 2, 373; *Zuw* f., bei Seger, vgl. *Souwe*, a. 1435. Fries. Arch. 1, 502; Dowo *Tzyarden*, a. 1498. Egger. Ben. l. 3, c. 31 = Douvo *Siarda*, a. 1498. Ubbo Emm. l. 37, p. 557.

⁴) *Zudh*, *Ziud* m. l. c. vielleicht = *Ziurt*.

Curt (Graf zu Teklenburg), a. 1525. Brenneisen 1, l. 4, n. 35, p. 144; *Kord*, a. 1428. Oldenb. Lagerb. Fries. Arch. 1, 467; *Cort*, sæc. 16. l. c. pag. 422 = *Cuonrad*. *Kord, Cort* sind nach Outzen's Gl. 426 süd- und nordfriesisch. Graf *Coerdt* (mit der Variante *Cordt*) von Brockhusen, a. 1149. Jeversche Chronik. Fries. Arch. 2, 408 wird bei Ubbo Emm. l. 7, p. 109 (a. 1195) *Conradus* Brochusius genannt.

Wipt (friesischer Häuptling zu Esense), a. 1429. Egger. Ben. l. 1, c. 233 = *Wybet*, a. 1430. l. c. c. 236, p. 261, auch *Wiptet* c. 238. Vgl. *Wigbold*, a. 1231. l. c. c. 101; *Wibad*, sæc. 10. Crecel. 1, 17; *Wibod*, l. c. 1, 24 und die Beispiele bei *Wibo*.

Sybt in Haupt's Zeitschr. 10, 302 = *Sybet*, d. i. *Sigibold*. Vgl. *Sibelt* bei Seger; *Sybet* van Rustringe, a. 1427. Egger. Ben. l. 1, c. 229; *Sibod*, sæc. 10. Crecel. 1, 23, aber auch *Sibraht*, l. c. 1, 14 und die Beispiele bei *Sibo*.

Ropt im Patronymicum *Ropta* (Worpius), a. 1305. Ubbo Emm. l. 13, p. 188 = *Rodpert?*

Apt im Patronymicum *Aptetzna* (Hero), a. 1443. Fries. Arch. 2, 371 = *Albert?* — *Aptetzna* weiset zwar zunächst auf *Aptet* zurück, allein diese Form ist = *Abet*, *Apt* mit syncopirtem *e*, wie *Wiptet, Siptet* = *Wibet (Wipt), Sibet (Sibt)*. Vgl. auch *Ompt* (Hayo *Ompteda*), Ubbo Emm. Schediasma de nominibus = *Hompo* (Hajo *Homponius*), a. 1442. Ejusd. Hist. l. 23 p. 354.

Rambt, in Haupt's Zeitschr. 10, 305 = *Rambert* oder *Ramt* [1]), d. i. *Ramet* = *Ranert, Ranold?* Vgl. auch *Rambodus*, a. 1356. Egger. Ben. l. 1, c. 225, Anm. p. 234 und *Rametta* f., sæc. 13. Liber vitæ eccl. Dunelm. 97, 1 neben fries. *Ramte* f., bei Seger.

Rompt (Petrus *Rompta*), a. 1494. Ubbo Emm. l. 34 p. 518 ist wahrscheinlich = *Rampt*, wie *Romboult*, a. 1539. Brenneisen 1 l. 5 n. 29 p. 196 = *Rambold*.

Almth f., bei Seger = *Almeth*. Vgl. *Almet* f., a. 1462. Egger. Ben. l. 2 c. 148 Anm.; *Almeda* f., bei Seger; *Almode* in Outzen's Gl. 442, d. i. *Adalmoda*, sæc. 9. Meichlb. n. 945.

---

[1]) Vgl. *Wymbko* (Edo *Wymbken*). a. 1387. Fries. Arch. 1, 118, nach einer Schrift des 16. Jahrhunderts, = Edo *Wimken* l. c. pag. 121.

2.

Bei der Contraction der zweiten Classe ist vom ersten Namensstamme der consonantische Auslaut, meistens ein Dental, geschwunden, der anlautende Vocal des zweiten Stammes aber, nachdem hier der ursprüngliche Anlaut *h (-hard), w (-ward)*, bereits unterdrückt ist, mit dem Vocal des ersten Stammes verschmolzen oder von ihm absorbirt.

Als Beispiele dienen:

Raldo, a. 913. Lupo 2, 86. Vgl. *Rajaldus* (d. i. *Ragaldus* = *Reginwald),* a. 840. l. c. 2, 687 und *Radaldus,* a. 875. l. c. 1, 871.

Rold, a. 1033. Kemble 4, n. 749. Vgl. *Hroold,* a. 970. l. c. 3 n. 563 p. 59.

Frerð (pbr.), a. 1016—1020. Kemble 4, n. 732 p. 10; *Frerd,* a. 1443. Fries. Arch. 2, 370. Vgl. *Freduward,* a. 834. Lacombl. n. 46; *Frethuhard,* saec. 10. Crecel. 1, 24.

Röhrd, noch jetzt auf Föhr, Outzen's Gl. 448; *Reerd,* a. 1557. Egger. Ben. Anhang p. 862 = *Redert,* d. i. *Hroðward; Hroðhard,* saec. 10. Crecel. 1, 8; 11. Vgl. *Roord* (Wilco *Roorda),* a. 1422. Ubbo Emm. l. 19 p. 289 = *Rewert* (Wilcke *Rewerda),* a. 1422. Egger. Ben. l. 1 c. 221 p. 226; *Redwert* (auch *Rydtwardt),* a. 1148. Jeversche Chronik. Fries. Arch. 2. 405 = *Rodowerdus* (idem), a. 1195. Ubbo Emm. l. 7 p. 109 [1]); *Redert* Beninga, a. 1442. Brenneisen 1 Anhang n. 1 p. 495. *Reerd (= Redert)* liegt auch zu Grunde dem Patronymicum *Reersna* (Remet), a. 1476. Egger. Ben. l. 2 c. 128. Anm. = *Redersna* (Remet), a. 1460. Brenneisen 1 l. 3 n. 36 p. 83.

Taerdt Hemmen, saec. 16. Fries. Arch. 2, 109 = *Tiadward, Thiadward,* saec. 10. Crecel. 1, 14; 16, oder *Thiaderd, Thiederd, Tiaderd,* l. c.

Gord, im Patronymicum *Gordisna* (a. 1350) in Haupt's Zeitschr. 10, 294 = *Godhard, Godward*. Vgl. *Goddert,* a. 1647. Egger. Ben. l. 2 c. 168 p. 406 und *Godewert,* a. 1428. Oldenb. Lagerb. Fries. Arch. 1, 485 [2]).

Rolf de Fago, a. 1289. Cod. dipl. Lubec, 2 p. 1032 n. 1090 = *Rodolfus* de Fago, a. 1283—98. l. c. p. 1026 n. 1086; *Rolfo,*

---

[1]) Vgl. *Buart,* a. 905, Dronke n. 651.
[2]) Von *Gord* ist zu scheiden *Kord, Cort* d. i. *Curt* = *Conrad.*

sæc. 11. Polypt. Irm. 50ᵃ; *Roulf,* a. 893. Beyer 1 n. 135 p. 165. *Roolf,* sæc. 9. Cod. Lauresh. n. 740 aber ist = *Roholf,* n. 736.

Raulf (Graf der Ostangeln), Chron. Sax. ad a. 1075 mit der Variante *Radulphus* ¹). Auch *Raulf,* sæc. 12. Liber vitæ 69, 3 wird 61, 1 *Radulf* geschrieben. Bei romanischen Schreibern aber ist *Raulf = Rolf* und verkürzt sich dieser contrahirte Name zu *Raul* (*Raul* Novellus, a. 1080. Chron. mon. Casin. 3, 61. Pertz, Mon. 9, 746, 15) und endlich zu *Rao* (*Rao* de Banterone, a. 1122. Chron. monast. Casinens. 4, 71. Pertz, Mon. 9, 799, 40).

Ekthlipsis des *l* zeigen

Rauf (minister), a. 1061. Kemble 4, n. 811 = *Raulf* (minister), n. 810, dann

Luof, a. 836. Dronke, Cod. n. 492, statt dessen bei Schann. n. 411 *Luolf* gelesen ist; *Luof,* auch a. 1030. Günther, 44; Theodericus *Luof* ²), a. 1249. Lacombl. 2, n. 356; *Luf* ³) a. 1095. Docum. monast. Alpirspac. n. 1. Docum. rediviv. p. 239; *Luf* de Kanburg, a. 1170. Rein, Thuringia s. 2, 117, n. 2; *Luf* de Kurnbach, im Cod. Hirsaug. p. 55; *Louf,* c. a. 1099. Kausl. n. 254; *Loef,* a. 1442. Kindlinger, Samml. p. 161 = *Ludolf?* Vgl. *Lobius* ⁴) Egeranus, a. 1514. Ubbo Erm. 1. 46, p. 715 = *Loeff* van Egeren, a. 1514. Egger. Ben. 1. 3, c. 158; *Lulof* Sickinge, a. 1428. Ubbo Emm. Fasti consul. reip. Groningiæ. De agro Frisiæ, p. 80 = *Ludolfus* Sickinga, a. 1428. Ejusd. Rer. Fris. hist. l. 20 p. 308, ferner *Walduf,* sæc. 9. Wigd. Trad. Corb. 230 = *Waldulf* (idem), l. c. 234; *Geruf,* l. c. 24; *Æðeluf* (König), a. 1044. Kemble 4, n. 773, p. 87 = *Apelulf* l. c. p. 86; auch den jetzigen Familiennamen *Sorof* ⁵) = *Sorulf,* sæc. 9. Polypt. Rem. 57, 127.

Hrólfr, Eyrb. s. c. 7 = *Hróðúlfr, Hróðólfr.*

Hálfr (rex Horlandiæ, sæc. 6.) mit den Varianten *Holfr, Hǫlfr,* Fornaldar s. Norðrl. Ed. Rafn. 2, 35 = *Harólfr.*

---

¹) Englisch *Ralph*.

²) Sein Bruder heisst l. c. *Egelolf.*

³) Mittelhochd. *luof* (der ungetaufte *luof,* Hugo v. Langenst. Littow 76), das sich vielleicht zum altnord. *lubbi* und *lúfa* (hirsutus; hirsuties, villositas) stellt, ist höchstens zur Erklärung dieses Beinamens herbeizuziehen.

⁴) *Lobius* (d. i. *Lop*) führt auf *Ludolp.* Vgl. *Rudolp,* wie *Rudolf* (auch *Rolof*), Bischof von Utrecht, bei *Egger.* Ben. l. 2, c. 16 (a. 1434) geschrieben wird.

⁵) Leipziger Literarisches Centralblatt. 1866. Sp. 327.

Hier dürfte auch am besten anzureihen sein

Ælm, sæc. 12—13. Liber vitæ 80, 2 = *Æielm* d. i. *Egilhelm*. Vgl. l. c. *Æiulf*, 29. 2; *Æisten* 48, 1.

Hieher gehören auch nachfolgende contrahirte Namen der Friesen, wenn gleich ihre Entstehung von anderer Art ist.

Alff, (Herzog von Schlesswig), a. 1453. Brenneisen 1 l. 3 n. 26 p. 73, derselbe l. c. n. 25 p. 70 (a. 1453) auch *Aleff* d. i. *Adolf*. *Aleff* Schelge a. 1398. Fasti consul. reip. Gron. bei Ubbo Emm. De agro Frisiæ p. 79 wird von demselben in Rer. Fris. hist. l. 17 p. 242 ad a. 1401. *Adolfus* Scelgius genannt.

Fulff Syberens, a. 1387. Fries. Arch. 1. 118 = *Folyff* Sybersen l. c. pag. 138 und *Folef* Sibrandus a. 1387. Ubbo Emm. l. 15 p. 220 d. i. *Fulklof* = *Fulkolf*. Vgl. auch *Fulf* in Gummel *Fulues* und Tyarck *Fulues*, sæc. 16. Fries. Arch. 1, 423 und 424.

Gralff, sæc. 16. Fries. Arch. 2, 109; derselbe *Graleff* l. c. pag. 110 = *Crawolf*, sæc. 9. Meichlb. n. 485; *Graulf*, a. 893. Beyer 1 n. 135 p. 172; sæc. 12. Liber vitæ 68, 3. Vgl. auch *Heinrich Grawerts*, a. 1506. Brenneisen 1, l. 4 n. 28 = Henr. *Grauwertus*, a. 1544. Ubbo Emm. l. 59 p. 915; *Graobardus*, a. 758. Trad. Wizenb. n. 114. Lübben stellt in Haupt's Zeitschr. 10, 304 *Gralef* = *Garlef (Gerulf)*, allein die mir bekannten friesischen Namen zeigen nirgends eine Metathesis in dem Worte ger. Vgl. *Garbrands* (Dirk), a. 1664. Egger. Ben. l. 2 c. 167 Anm. pag. 406; *Garmer*, sæc. 16. Fries. Arch. 1, 420; *Garlych* (Junge), l. c. 111; *Gerald* Eggena, a. 1442. Egger. Ben. l. 2 c. 43 p. 315 Anm.; *Gherolt*, a. 1447. Fries. Arch. 2, 374; *Gerleff*, a. 1434. l. c. 1, 494; *Gernand*, a. 1218. l. c. 2, 311; *Gherlacus*, a. 1242. l. c. 314; im Oldenb. Lagerb. a. 1248. Fries. Arch. 1: *Gherard* p. 447; Meine *Ghereking* p. 452; *Gherverd* p. 471 u. v. a.

Tyalff (Jaleff *Tyalffes*), sæc. 16. Fries. Arch. 2, 108; *Telff* (Patron. *Tellfs)* in Haupt's Zeitschr. 10, 301 = *Thiadulf*, sæc. 10. Crecel. 1, 21. Vgl. *Tyallef* Merynges, sæc. 16. Fries. Arch. 2, 112 = *Taedleff* Merynghes l. c. p. 109.

Jalff Stytters = *Jalleff* Stytters, sæc. 16. Fries. Arch. 2, 110.

Melw (nordfries.) = *Mellef* (Chr. Johansen. Die nordfries. Sprache S. 18. Kiel. 1862), d. i. *Medlef, Modlof, Modolf*.

Sleff (Gherke), a. 1428. Oldenb. Lagerb. Fries. Arch. 1, 460 = *Silef* d. i. *Sigolf*; nach Lübben in Haupt's Zeitschr. 10. 303 =

ahd. *Sigileip*, welchem Namen aber altfriesisch *Silav*, *Sigilav* entspricht. Vgl. nordfries. *Riklaw*, *Thaanklaw* bei Chr. Johansen, Die nordfries. Sprache, S. 18; doch ist immerhin möglich, dass neufriesisch *-lef* auch = altfriesisch *lav* ist. Vgl. bei Crecel. 1, sæc. 10: *Radlef* 9; *Riklef* 6; *Silef, Wanlef* 8.

In den vollen Namen dieser contrahirten Formen ist der auslautende Stamm *-olf* durch Metathesis *lof*, ausgesprochen *lef*, geworden und endlich *e* syncopirt. Siehe Anhang 7.

B.
Verkleinerungen der zusammengezogenen Namen.

Unter allen contrahirten Namen, die im Voranstehenden vorgeführt wurden, erscheinen nur jene der ersten Contractionsart, welche vom zweiten Gliede den anlautenden Consonanten festgehalten haben, sehr häufig in verkleinerter Form.

Die Verkleinerung wird, wie bei den verkürzten Namen, durch *l, k, t* und *z* bewirkt.

1. Verkleinerungen mit *l* gebildet sind:

a) Bei unverkürztem anlautenden Stamme:

Lispulo, a. 834. Gattola, p. 34, a. Vgl. *Lispertus*, a. 1201. Miræus, Op, dipl. 3, 1. c. 83, p. 73, b; *Lisbrannus*, a. 870. Perard, p. 152.

Zulpilo in dem Ortsnamen *Zulpilesloch*, a. 943. Beyer, 1, n. 80. *Zulpo* = *Zulpert?* Vgl. *Zullingus*, a. 904. Néug. n. 651; angelsächs. *Tuli*, sæc. 12. Liber vitæ, 81, 3.

Humbelo, sæc. 12. Cod. trad. Claustroneob. n. 792 aus *Humperht*, sæc. 9. Verbrüd. v. St. P. 42, 54. Vgl. *Hompo*.

Tymbel, a. 765. Kemble 1, n. 113. Vgl. *Tumberht*, a. 744. l. c. n. 92; *Tunberht* (ep.), a. 852. Chron. Sax.

Tromboli de Ramergo, a. 1144. Annali Bologn. 1. Append. n. 131 = *Trombert, Trombald?* Vgl. *Trumbo*.

b) Bei verkürztem anlautenden Stamme:

Lampulo, a. 825, Hlud. et Hloth. capit. Pertz, Mon. 3, 253, 4. Vgl. *Lampo*.

Gumpulo, a. 998. Mittar. 1, n. 60, col. 141; *Gumpuli*, a. 757. Cod. dipl. Langob. 4, n. 719, p. 664; *Gumpilo*, sæc. 13. Liber frat. Seccov. Hs. d. Wiener Hofbibl. Nr. 511, fol. 42. Vgl. *Gump o*.

Teupla, f., a. 867. Mittar. 1, n. 6 = *Theudperga? Theuperga* sæc. 10. Murat. Thes. vet. inscr. 4, 1948, n. 1. Die Kinder der *Teupla* heissen *Teuplus, Gumperge, Maginperge. Teuplus*, l. c. = *Theudbert, -bald, -brand.* Vgl. *Teupertus,* a. 996. Mittar. 1, n. 57; *Teuprando,* a. 998. l. c. n. 60. Siehe *Teupo.*

Rupilo in dem Ortsnamen *Rupiles*dorf, a. 836. Meichelb. n. 591. Vgl. *Ruppo.*

Nopelo, a. 1064. Höfer's Zeitschr. 2, n. 550. Vgl. *Noppo.*

Gobele de Colonia, sæc. 13. Cod. dipl. Lubec. 2, n. 186, p. 1020, Anm. 7. Vgl. *Cobbo.*

c) Bei Gemmination des anlautenden Consonanten im zweiten Gliede nach der Ekthlipsis des Auslautes im ersten Gliede:

Appulo = *Albertus* de Offenbach, a. 1277. Remling, n. 380; a. 1220. l. c. n. 140.

Huppel, sæc. 12. Cod. dipl. Claustroneob. n. 683 = *Hugipreht* u. dgl. *Huppret* bei Goldast, 2, 102; *Hupprecht* (dux), sæc. 8. Cod. Patav. 1, n. 67. Mon. b. 28. Vgl. *Ubo.*

Woppili, sæc. 11. Trad. Emmer. n. 30. Quellen z. bayer. Gesch. 1, 21. Vgl. *Woppo.*

Cuffolo, sæc. 8. Verbrüd. v. St. P. 52, 1 etwa = *Cuotfrid*, sæc. 8. l. c. 65, 5.

Kemmulo, sæc. 8. Verbrüd. v. St. P. 42, 18. Vgl. *Gemma.*

Ummilo, a. 806. Schann. n. 200. Vgl. *Ummo.*

Nicht hieher gehören die friesischen Namen *Gummel* m. und *Temmel* f. Siehe Anhang 1, S. 476.

2. Verkleinerungen durch *k* gebildet, sind:

a) Bei unverkürztem anlautenden Stamme:

Wempeke, a. 1428. Oldenb. Lagerb. Fries. Arch. 1, 481, wenn nicht = *Wemmeke, Wenneke,* sæc. 16. l. c. 456; 450 [1]).

b) Bei verkürztem anlautenden Stamme:

Albica Harweisma [2]), a. 1422. Egger. Ben. l. 1, c. 221, p. 226. Eine weitere Verkürzung sind *Abbyck,* sæc. 16. Fries. Arch. 2, 109; *Abbeke,* a. 1428. Oldenb. Lagerb. l. c. 1, 448; *Aepco,* a. 1398, Ubbo Emm. l. 16, p. 231. Vgl. *Aelbo* und nordfries. *Eeb* bei fries. *Aeybe.*

---

[1]) Vgl. auch die nordfriesischen Frauennamen *Ween, Weenki* bei Johansen S. 18.
[2]) Patronymicum aus *Harwe* d. i. *Herwig.*

Tiabuco (Sachse), sæc. 10. Crecel. 1, 7; *Tjepco* Fortemannus, a. 1099. Ubbo Emm. l. 6, p. 99 = *Thiepco* Fortema in M. Hamconis Frisia, fol. 42; *Tiabco, Tiebco* bei Seger [1]). Vgl. *Thiadbold; Thiadbrund* (Friesen), sæc. 10. Crecel. 1, 16, dann fries. *Tiebbo* und ahd. *Teupo.*

Ubuko (Friese), sæc. 10. Crecel. 1, 17; *Ubik*, sæc. 10. Frek. Heb.; *Ubco* Hermana, sæc. 11. M. Hamco, Frisia, fol. 42 [2]); *Upke*, a. 1420. Egger. Ben. l. 1, c. 217, p. 209. Siehe fries. *Ubbo.*

Tiemicus, sæc. 11. Vipertus in cod. regis Monac. Pertz, Mon. 6, 579. Siehe *Tiemo.*

Robiko, a. 1259. Cod. dipl. Lubec. 2, n. 31, p. 28; *Robeke* Diding, a. 1428. Oldenb. Lagerb. Fries. Arch. 1, 461. Vgl. *Robbert*, a. 1514. Egger. Ben. l. 3 c. 181 und fries. *Robe*, ahd. *Ruppo.*

Gobeke de Colonia, a. 1305 — 1307. Cod. dipl. Lubec. 2 n. 1093 p. 1036. Siehe *Gobele*, wie auch dieselbe Person genannt wird.

Kobeke, a. 1428. Oldenb. Lagerb. Fries. Arch. 1, 457. Vgl *Cobbo.*

Sybeche, a. 1443. Fries. Arch. 2, 370. Vgl. *Sibo.*

Wiepke f., bei Seger; *Wiebke*, jetzt häufiger Mannsname in Friesland nach Outzen's Gl. 457. Vgl. ahd. *Wippo* und fries. *Wibo; Woppo.*

Ufko, in Outzen's Gl. 454; *Ufke* im Patronymicum *Ufken*-us (Joannes), a. 1514. Ubbo Emm, l. 45, p. 701.

c) Bei Gemmination des im zweiten Gliede anlautenden Consonanten:

Lubbiko (Friese), sæc. 10. Crecel. 1, 27; *Lubke*, sæc. 16. Fries. Arch. 1, 468; *Lüpke*, bei Seger. Vgl. *Liuppo.*

Rabbeke in dem Patronymicum *Rabbeking* (Hanneke), a. 1428. Oldenb. Lagerb. Fries. Arch. 1, 481. Siehe *Rappo.*

Wubbeke, a. 1428. Oldenb. Lagerb. Fries. Arch. 1, 454; *Wopco* Juusma, a. 1466. Ubbo Emm. l. 25, p. 393; *Wu'bbeke* f., bei Seger; *Wopka* f., Leibn. Collect. etym. Vgl. fries. *Wubbo.*

Hobbeke, a. 1428. Oldenb. Lagerb. Fries. Arch. 1, 450. Siehe fries. *Ubbo* nebst Anm.

---

[1]) *Tiacco* l. c. ist wahrscheinlich eine weitere Verkürzung von *Tiadco.*

[2]) Derselbe wird bei Ubbo Emm. l. 6, p. 99 (a. 1099) *Ubbo* Hermana geschrieben.

Vielleicht auch *Nappuhi*, a. 820. Ried n. 15 = *Nandperht?* Vgl. *Noppo*.

3. Erweiterung der mit *l* und *k* gebildeten Deminutiva durch Antritt eines flexivischen *n* zeigen:

Ruopilin, a. 963. Neug. n. 429. Siehe *Ruppo*.

Fulbelin-us, a. 1070. Polypt. Irm. Append. 24, p. 362. Vgl. l. c. sæc. 10. *Fulbertus* 37, 36; sæc. 8. *Fulbaldus* 210, 18; *Fulbrandus* 236, 75.

Hubelinus, sæc. 11. Cartul. Sti Petri Carnot. p. 179 c. 52. Siehe *Ubo*.

Gumpolinus, a. 1191. Cod. Wangion. n. 48. Siehe *Gumpo*.

Gobelinus, a. 1346. Quellen z. Gesch. d. St. Köln. 1, p. 157. Siehe *Gobelo*.

Woppelin, Cod. Hirsaug. p. 98. Siehe *Woppo*.

Hupichin, a. 995. Beyer 1, n. 270. Siehe *Ubo*.

4. Als Deminutivbildung mit *t* aus einem contrahirten Namen stellt sich dar:

Albito (d. i. *Alfito*), wie *Alfonso* (= *Hildefons*), Bischof von Astorga, a. 1125. Esp. sagr. 16, 200 genannt wird. Vgl. *Alvito*, a. 1040. Ribeira 3, pars 2, n. 2 und *Walabonsus*, sæc. 9. Eclogii Memoriale Sanctor. 2, 8. Esp. sagr. 9, 429 [1]).

5. Hieher gehörige Deminutiva mit *z* gebildet sind:

Albizo = *Albertus*[2]), a. 1024. Mittar. Annal. Camald. 1, l. 6 c. 24 p. 236.

Albericus, a. 1024. Mittar. 1, n. 119.

Hubezo = *Hubertus* (d. i. *Hugibert*), sæc. 11. Gesta abbat. Gemblac. Pertz, Mon. 10, 535, 15 [a]).

Opizo = *Otbertus*, a. 1053. Campius. Hist. Pacens. 1 n. 81 p. 298; 513. Vgl. auch *Oppertus* qui *Oppitio*, a. 1011. Murat. Antiq. Estens. pars 1, c. 27, p. 195; *Opozo* (cancellarius italicus), a. 1049. Dronke. Cod. n. 752.

Robizo, a. 1008. Mittar. 1, n. 79. Siehe *Rubbo*.

Tepezo, a. 1017. Beyer 1, n. 292; *Diepezo*, a. 1121. l. c. n. 447. Siehe *Teupo*.

---

[1]) Vgl. *Hubetho* = *Hubertus*, sæc. 11. Gesta abbat. Gemblac. Pertz, Mon. 10, 359, 38.

[2]) „Gariperga ... filia olim *Alberti*, *Albizo* vocati."

Gumbizo, a. 1013. Mittar. 1, n. 89. Siehe *Gumpo*.
Wippizo, a. 1096. Lacombl. n. 253. Siehe *Wippo*.

Von den durch die zweite Contractionsart entstandenen Kosenamen liegen mir keine Deminutivbildungen vor.

Als Verkleinerung eines Kosenamens, gebildet nach der dritten Contractionsart bietet sich mir nur ein Beispiel dar, und dies aus der Schweiz:

Kurtel der Karrer, a. 1309. Urk. z. Gesch. der eidgenoss. Bünde n. 122. Archiv f. österr. Geschichtskunde. 5, 177.

Fassen wir nun die hier vorgeführten contrahirten Namen in einem Überblick zusammen, so erlangen wir, die Erklärung vieler Namen nicht mit einbezogen, folgende Ergebnisse.

1. Die contrahirten Namen der ersten Art, welche das erste Wort wenig oder gar nicht verkürzt, von dem zweiten Worte aber den anlautenden, selten den auslautenden Consonanten bewahrt haben, gehören zu den ältesten und volksthümlichsten Bildungen und sind desshalb am zahlreichsten, aber auch am weitesten verbreitet.

Im dritten Jahrhundert finden wir *Cannabas* = *Cannabaudes* bei den Gothen,

im sechsten Jahrhundert *Cnebba* (= *Cneuberht?*), *Wyppa* (= *Wigbald?*) bei den Angelsachsen,

im siebenten Jahrhundert *Taebba* (= *Tátberht?*) bei den Angelsachsen, *Wamba* bei den Westgothen in Spanien, *Belbo* (= *Bilibert?*) bei den Westfranken.

Besonders zahlreich werden die contrahirten Namen dieser Art vom achten Jahrhundert an, und sie begegnen uns in dieser und der folgenden Zeit bei den spanischen Gothen, bei den Ost- und Westfranken, Alamannen, Bayern, Langobarden, Sachsen und Friesen, Angelsachsen und Normannen.

Aus dem achten Jahrhundert stammen *Grinpus, Zemfo, Hilbo Wolbo, Wobo, Gubo, Bribo, Abbio, Luppo, Rubbo, Zuppo, Affo, Offo, Niffo, Siffo, Becco, Hroggo,* aus dem neunten Jahrhundert: *Felmus, Lilpi, Sulbo, Nerbo, Hampo, Rampo, Trumbo, Fulmo, Raimo, Sime, Wimo, Pammo, Cobbo, Joppo, Oppo, Wippo, Boffo, Goffo, Liuffo, Wikko; Eburn, Gagand,* dann die angelsächsischen Namen *Earbe, Echba, Ceorra, Ceofa, Demma, Tumma, Pymma,*

aus dem zehnten Jahrhundert: die Frauennamen *Liutpa, Rampa,* die Männernamen *Beribo, Impo, Lampo, Gaipo, Rappo, Woppo, Hamfo, Tammo, Nuffus; Leodego,*

aus dem eilften Jahrhundert: *Ermigius, Ervigius, Ratpo, Aelbo, Sibo, Noppo, Thiemo* und die Frauennamen *Gepa, Wippa.*

aus dem zwölften Jahrhundert: *Raspo, Gumpo, Ubo, Zuffus,* dann der angelsächsische Name *Norbe* und die altisländischen Namen *Bárðr, Þorðr.*

aus dem dreizehnten Jahrhundert: *Teupo, Ribo,* dann der spanische Name *Fern,*

aus dem vierzehnten Jahrhundert: *Lumpe.*

aus dem fünfzehnten bis siebenzehnten Jahrhundert: die friesischen Namen *Wilpa, Wulbe, Hymba, Hompo, Memba, Wempe, Aeybe, Robe, Sibo, Wibo, Foppo, Hobbe, Luppo, Rabbe, Ubbo, Tiuppo, Woppo, Harm; Gosen, Gerdt, Wert, Sirt, Aelt, Harld, Arnd, Bernd, Aynt, Meint, Reint, Wilm.*

2. Contrahirte Namen der zweiten Art, welche das zweite Wort unverkürzt, vom ersten Worte aber nur den an- oder auslautenden Consonanten zeigen, waren allem Anscheine nach nur spärlich im Gebrauche. Sie treten auch spät, nicht vor dem zehnten Jahrhundert auf, und zwar nur bei den Angelsachsen *(Sulf,* sæc. 10), Friesen *(Trik,* sæc. 12), und Normannen *(Tholf,* sæc. 11), ausgenommen *Corona = Mucuruna* (sæc. 6.) und *Nardus = Eginardus* (sæc. 9.), die dem heutigen Frankreich entstammen.

3. Die contrahirten Namen der dritten Art, bei denen das erste Wort den auslautenden Consonanten, das zweite Wort entweder nur den inlautenden Vocal oder mit diesem zugleich die anlautende Spirans *(h, w),* oder aber die mit dem auslautenden Consonanten *(d, t)* gebundene Liquida *(l, r)* verloren haben, gehören vorzugsweise den Friesen des fünfzehnten bis siebenzehnten Jahrhunderts an.

So die Männernamen *Dirck, Frerk, Sirck, Wirk, Curt; Diurt, Lyurt, Siurt; Apt, Ropt, Sybt, Wipt, Rambt, Rompt* und der

Frauenname *Almth;* dann *Frerd, Röhrd (Reerd), Taerdt, Gord; Alff, Fulff, Gralff, Jalff, Tyalff (Telff), Melw, Rolf, Sleff.*

Ferner angelsächsisch *Raulff, Rauf, Rold* aus dem eilften, *Ælm* aus dem zwölften Jahrhundert,

und altnordisch *Hálfr, Hrólfr,* gleichfalls aus dem zwölften Jahrhundert.

Dem zehnten Jahrhundert gehört der aus Italien stammende Name *Raldo,* dem neunten der deutsche, doch zweifelhafte Name *Luof.*

Besonders bemerkenswerth ist endlich, dass, abgerechnet den schweizerischen Namen *Kurtel,* dem *Kurt,* nach der dritten Art contrahirt, zu Grunde liegt, allein die Namen der ersten Contractionsart, und zwar nur jene, welche vom zweiten Worte den anlautenden Consonanten in der contrahirten Form beibehalten haben, zur Verkleinerung durch *l, k, t, z* verwendet worden sind.

Diese Deminutiva finden sich bei den meisten germanischen Stämmen, und zwar:

im achten Jahrhundert: *Kuffolo, Kemmulo* im Verbr. v. St. Peter und angels. *Tymbel,*

im neunten Jahrhundert: *Lispulo* bei Gattola, *Teupla* f. bei Mittar., *Lampulo* in Hlud. et Hloth. capit., *Rupilo* bei Meichlb., *Ummilo* bei Schannat; *Nappuhi* bei Ried,

im zehnten Jahrhundert: *Zulpilo* bei Beyer; *Gumpulo* bei Mittar.; *Ruopilin* bei Neug.; *Tiabuco, Ubuco, Lubbiko* bei Crecel.; *Hupichin* bei Beyer,

im eilften Jahrhundert: *Nopelo* bei Höfer, *Woppili* in den Trad. Emmer.; *Fulbelin* im Pol. Irm., *Hubelin* im Cart. Carnot.; *Tiemicus* bei Vipert. in cod. Monac.; *Albizo, Gumbizo, Robizo* bei Mittar., *Hubezo* in den Gest. Gemblac., *Opizo* in Carpii hist. Pacens., *Tepezo* bei Beyer, *Wippizo* bei Lacombl.,

im zwölften Jahrhundert: *Humbelo, Huppel* in den Trad. Claustron., *Tromboli* in den Ann. Bologn.; *Gumpolin* im Cod. Wangion., *Woppelin* im Cod. Hirsaug.; *Albito* in Esp. sagr.

im dreizehnten Jahrhundert: *Gobele* im Cod. Lubec., *Appulo* bei Reml.; *Robiko* im Cod. Lubec.,

im vierzehnten Jahrhundert: *Gobeke* im Cod. Lubec.,

im fünfzehnten Jahrhundert: die friesischen Namen *Wempeke, Kobeke, Sybeche, Hobbeke, Rabbeke, Wubbeke,* und aus jüngerer Zeit *Albica, Wiepke, Ufke.*

Hiermit schliesse ich diese Abhandlung über die „Kosenamen der Germanen", die, in friedlicher Zeit begonnen, nun beendet wurde, während deutsche Brüder in blutigem Kampfe sich gegenüberstehen. Möchten doch die deutschen Männer der Wissenschaft heute in erhöhtem Grade es als ihre Aufgabe, ja als ihre heilige Pflicht erachten, innig zusammen zu halten, friedlich und einig zu wirken, dass mit dem Fleisse des Landbaues und der Gewerbe dem deutschen Volke nicht auch die Saat der Wissenschaft und der ihr entkeimenden Freiheit zertreten werde!

Erläuternder Anhang.

1 *)

In friesischen Namen erscheinen oft auslautend die Stämme -bold, (-bald), -old, (-wald),

bold (bald)

in *Adalbold* 19; *Menbold, Thiadbold* 16; *Engilbald, Liudbald* 27; *Gerbald* 14; *Thiadbald, Wigbald* 16; *Wambald* 19; *Folcbald* in *Folcbald*esthorpe 23, bei Crecel 1, sæc. 10;

Aiboldus, a. 1479. Ubbo Emm. l. 28 p. 432;

Erboldus Ebbena, a. 1277. Ubbo Emm. l. 11 p. 175;

Remboldus (Abt), a. 1276. Egger. Ben. l. 1 c. 120 p. 122;

Winbolt, a. 1231. Egger. Ben. Anhang p. 863;

ferner mit *e* (*-belt* d. i. *-bold*) = *ö*, wie in einigen friesischen Dialecten *o* lautet, in

Sibbelt (Friesenfürst), sæc. 5. Egger. Ben. l. 1 c. 77; *Sibelt*, bei Seger.

Bisweilen entfällt die mit dem Dental gebundene Liquida (*l*), und *-belt* erscheint in der Form *-bet*, welche auch der Stamm *bod* annimmt, so dass Namen mit *-bold* und *-bod* gebildet nicht geschieden werden können.

Sichere Beispiele über *-bet* = *-bold* sind:

Sibet, a. 1429. Egger. Ben. l. 1 c. 234 p. 255 = *Sibold* l. c. l. 2 c. 6. Anm. p. 278;

Garbit Camminga, a. 1422. Egger. Ben. l. 1 c. 221. p. 226 = *Geroldus* Camminga, a. 1422. Ubbo Emm. l. 19 p. 289 [1]). Vgl. auch *Gerritius* Stania, a. 1491. Ubbo Emm. l. 31 p. 474; Jacob *Gerrits*, a. 1557. Egger. Ben. Anhang p. 863; nordfries. *Gerrat* =

---

*) Zur S. 443, Anm. 2.

1) In *Gerold* scheint *b* nach dessen Erweichung zu *w*, die im Friesischen oft eintritt, ausgefallen zu sein.

Gerret bei Johansen, Nordfriesische Sprache S. 18; doch stellt Seger *Gerrit* und *Gert (Gerhard)* zusammen.

Zweifelhaft sind:

Ulbet Walta, a. 1420. Egger. Ben. l. 1 c. 217 p. 209;

Wibet, a. 1422. l. c. l. 1 c. 221 p. 225;

Rinbeth, in Outzen's Gl. 448,

da der auslautende Stamm *-bold, -bod* [1]), aber auch *-bert* sein kann. Vgl.

Egbeth, a. 1460. Brenneisen 1, l. 3 n. 36 p. 83 = *Egbert* p. 84 [2]);

Folpetus Reindsena, a. 1277. Ubbo. Emm. l. 11 p. 157 = *Folkbert?* Vgl. *Folpertus* Emnertna, den Egg. Ben. l. 1 c. 125 (ad a. 1277) an der Stelle des *Folpet* Reindsena nennt.

Der Stamm *-bold* tritt aber noch in einer anderen Veränderung auf: er behält die Liquida, verliert dagegen den auslautenden Dental. Als Belege dienen die Männernamen:

Sibel, bei Seger; Gumme *Sybels*, sæc. 16. Fries. Arch. 1, 423 = *Sibelt*, bei Seger, d. i. *Sigibold*.

Tjabbel, bei Seger = *Thiadbold*, sæc. 10. Crecel. 1, 16; *Dippaldus* (Fürst der Westfriesen), sæc. 4. M. Hamco, Frisia p. 32 [3]); vielleicht auch

Abel Tamminga, a. 1422. Egger. Ben. l. 1 c. 221 p. 225, bei Ubbo Emm. l. 19 p. 289 (a. 1422) *Aepco* Tamminga, = *Albelt* d. i. *Albold, Adelbold*, dann nordfriesisch *Abel* f. nach Outzen's Gl. 421 = *Albolda, Adelbolda* oder *Adelberta* [4]). Vgl. nordfries. *Eeb* = *Albert* bei ahd. *Abbio*.

Endlich erklären sich, meiner Ansicht nach, aus dem Stamme *bold*:

Bolo (Sohn des Haijo Ripperda), a. 1453. Ubbo. Emm. l. 22 p. 336; *Bole* und *Boleke*, a. 1428. Oldenb. Lagerb. Fries. Arch. 1, 434 und 450; *Pellica* (monialis), a. 1397. Egger. Ben. l. 1 c. 176.

Zur Vergleichung mögen dienen die romanischen Formen:

---

[1]) Vgl. *Sighebodo* a. 1248. Fries. Arch. 2, 351.

[2]) Derselbe auch *Egbet* bei Egger. Ben. l. 2, c. 81. Anm. p. 345 (a. 1457).

[3]) Vgl. *Tyabbern* (Onno), a. 1576. Brenneisen 1 l. 7 n. 12 d. i. *Thiadbrund*, sæc. 10. Crecel. 1, 16.

[4]) Vgl. ehemals in Ripen „domina *Abel*, Alberti filia", nach Outzen's Gl. 421.

Gombal, a. 1099. Marca hisp. p. 1211 n. 322 = *Gundebald;*
Rotbal, saec. 11. Cartul. Sti Vict. n. 815 = *Hruodbald;*
Tetbal, saec. 11. Cart. Sti Vict. n. 617 = *Theudbald.*

old (wald)

findet sich in den friesischen Namen:

Aluold 27; *Frethold* in *Fretholdasthorpe* 22; *Gerold* 19; *Menold* 14; *Thiedold* 2 [1]), bei Crecel. 1, saec. 10;

Arnold, a. 1299. Ubbo Emm. Fasti consul. reip. Gron. De agro Frisiae, p. 76;

Berwoldus Pontanus, a. 1419. Ubbo Emm. Hist. l. 18 p. 273; *Baroldus* Eppingius, a. 1418. l. c. p. 268;

Bertoldus, filius dominae Avae, a. 1345. Ubbo Emm. Fasti consul. l. c. p. 77; *Bartold* Conrades, a. 1541. l. c. p. 84;

Meinoldus Ruffus, a. 1290. Ubbo Emm. l. 12 p. 180;

Reinoldus Hugingius, a. 1418. Ubbo Emm. Hist. l. 18 p. 268; *Rynoldt*, saec. 16. Fries. Arch. 2, 111; *Rendolt*, a. 1422. Egger. Ben. l. 1 c. 221 p. 225;

ferner in

Barelt Ebbing, a. 1424. Ubbo Emm. Catalogus hovetmann. Gron. De agro Frisiae, p. 87;

Berteld Radeke, a. 1428. Fries. Arch. 1, 478; *Bartelt*, a. 1557. Egger. Ben. Anhang p. 865;

Durelt, Gerelt, Rynnelt, saec. 16. Fries. Arch. 1, 419;

Eddelt, saec. 16. Fries. Arch. 1, 420;

Vredeld, a. 1428. Oldenb. Lagerb. Fries. Arch. 1, 435;

Hubbelt (Eberhardus *Hubbeldingus*), a. 1455. Ubbo Emm. l. 24 p. 374;

Meneld (Elbo *Meneldaeus*), a. 1282. Ubbo Emm. l. 12 p. 177;

Sinelt, a. 1466. Egger. Ben. l. 2 c. 106.

In diesem Stamme *-elt (-old)* tritt nun, wie in *belt (-bold)*, bisweilen Ekthlipsis des *l* ein und *-old* erscheint in der Form *-et, -it.* Den Beweis dafür bietet:

---

[1]) Verkürzt *Tyald*, saec. 16. Fries. Arch. 2, 109.

Armet (statt *Arnet*) von Oynhuesen, a. 1515. Egger. Ben. l. 3 c. 189 = *Arnoldus* Oijenhusius, a. 1515. Ubbo Emm. l. 48 p. 747.

In gleicher Weise können erklärt werden:

Sined im Patronymicum *Sinedes* (Aylt), a. 1461. Brenneisen 1 l. 3 n. 39 p. 87, *Sinada* (Caspar), a. 1442. Egger. Ben. l. 1 c. 221 p. 225. Vgl. Smold, saec. 16. Brenneisen 1, l. 5 n. 11 p. 171; *Sinelt*, a. 1466. Egger. Ben. l. 2 c. 106; *Sineke*, Probst zu Farmsum, a. 1496. l. c. l. 1 c. 200, Anm. p. 186.

Hummet [1]), *Minith* [2]), *Luitet* [3]), a. 1397. Fries. Arch. 1, 177; *Rennet*, a. 1435. Fries. Arch. 1, 500 [4]), doch kann vor dem auslautenden Dental auch *r* unterdrückt sein, wie in

Edzede, a. 1397. Egger. Ben. l. 1 c. 178 = *Edsardus*, a. 1398. Ubbo Emm. l. 16 p. 231;

Folket Yken neben *Folkert* Yken, saec. 16. Fries. Arch. 2, 109.

Ekthlipsis des *l* zeigt ferner *Rixedis* (comitissa de Hoya), saec. 13. Fries. Arch. 2, 284, mag dieser Name = *Rikhild* oder *Rikolda* sein. Vgl. den folgenden Namen *Ritzel*, dann *Rixfridus* (Frisius, Ultraject. ep.), a. 838. Ubbo Emm. l. 5 p. 74 = *Rikfridus*.

Wie *-bold* zu *-bel*, so verkürzt sich auch *-old* zu *-el* im Auslaute der Namen. Und so erklären sich die Männernamen:

Dürel, bei Seger = *Durelt*, und Tyarck *Durels*, saec. 16. Fries. Arch. 1, 419;

Gerel, in Haupt's Zeitschr. 10, 304 = *Gerelt, Gerlt*, a. 1418. Fries. Arch. 1, 323; *Gerrelt*, saec. 16. l. c. 2, 109; *Garrelt*, a. 1396. Egger. Ben. l. 1 c. 174; *Gherolt*, a. 1447. Fries. Arch. 2, 374;

Harel, bei Seger = *Herold*. Siehe Harld;

Rickel, in Outzen's Gl. 448; Ebbeke *Ryckels*, saec. 16. Fries. Arch. 1, 424 = *Rikold*;

---

[1]) *Hummet* statt *Hunnet* d. i. Hunelt, Hunold. Vgl. *Humelt*, saec. 16. Fries. Arch. 2. 112.
[2]) *Menet, Meniet*, in Haupt's Zeitschr. 10, 304.
[3]) *Lutet, Luteth*, saec. 16. Fries. Arch. 1, 336, doch *Lutet* Cater, a. 1498. Egger. Ben. p. 627 = *Luerdus* Caterus, a. 1498. Ubbo Emm. 37, p. 588.
[4]) *Renit, Rinit* bei Seger. — *Ranneth*, saec. 12—13. Liber vitae 48, 1 = ahd. *Beginnot?*

Synel (Gerhardus *Synellius*, Abt), a. 1511. Egger. Ben. l. 3 c. 251 Anm. [1]) = *Sinelt, Synelt*, a. 1466. l. c. l. 2 c. 106. *Sindel* (Aggæus *Sindelius*), a. 1428. Ubbo Emm. l. 20 p. 311 = *Sinel?* Siehe den vorher erwähnten Namen *Sined*.

Wydzel, in Haupt's Zeitschr. 10, 302 = *Widtzelt* (d. i. *Wichold*), a. 1391. Egger. Ben. l. 1 c. 171;

Wimel, in dem Ortsnamen *Wimelshus*, a. 1428. Fries. Arch. 1, 436 = *Winold;*

wahrscheinlich auch

Gummell, sæc. 16. Fries. Arch. 1, 419 und bei Seger = *Gunnelt* d. i. *Gundold*, nicht *Gundebald*, wie Lübben in Haupt's Zeitschr. 10, 304 meint. Vgl. die nordfriesischen Frauennamen *Gondel*, bei Johansen S. 18, *Gonnel*, auf Silt, *Gunne, Günne, Günke*, (d. i. *Gundike*) in Outzen's Gl. 433 und den Mannsnamen *Gonner* (d. i. *Gundheri* oder *Gundhart*) bei Seger.

Imel, a. 1372. Egger. Ben. l. 1 c. 150 = *Inold?* Imel f. bei Seger = *Inilda, Inolda?* Oder ist *Imel* f. = *Amala?* Vgl. *Amel* m. bei Seger = *Amold* (d. i. *Amalold*) oder *Anold* oder *Amalo?* Siehe *Ymme* (Anhang 2).

Tammel in dem Ortsnamen *Tammelenhus*, a. 1428. Oldenb. Lagenb. Fries. Arch. 1, 455 = *Tannel* d. i. *Tanold?* Vgl. *Temel* f., bei Seger. Siehe Wylmethus *Tammius* (Anhang 2).

Diese Namen als Deminutiva, gebildet aus *Duro, Gero, Haro, Riko, Sino, Widzo (Wicho), Gummo, Immo, Tammo*, zu betrachten, kann ich mich nicht entschliessen, da die Verkleinerung der Namen durch *l* den Friesen ganz fremd zu sein scheint.

Bedenken dürfte erregen:

Nommel m., in Eiderstadt, doch insbesondere *Nummelke* f. in alten Kirchenbüchern, nach Outzen's Gl. 444, und ich weiss nicht, ob *Nommel* gleich *Nunold* aufgefasst werden darf und ob der Form *Nummelke* ein Verkennen des Namens *Nummel* (= *Nonildis ?*) zu Grunde liegt. Vgl. *Nonilde* (mancip.) f., a. 814. Polypt. Massil. A. 2. Cartul. Sti Vict. 2 p. 633.

Von romanischen Namen stelle ich ähnlicher Verkürzung wegen hieher:

---

[1]) Im Texte: Gerhardus *Schnellius* mit Syncope des wurzelhaften *i* wie in *Snesius* (Hieronymus), a. 1515. Ubbo Emm. l. 47, p. 740 = *Sinesius*.

Arnal, a. 1091. Marca hisp. n. 310 = *Arnald;*
Giral, c. a. 1090. Cartul. Sti Vict. n. 146 = *Gerald;*
Grimal, a. 1119. Cartul. Sti Vict. n. 485 = *Grimald;*
Fredol, sæc. 11. Cartul. Sti Vict. n. 617 = *Fredold.*
Von friesischen Frauennamen reihen sich hier an:
Rinel, Rinnel, bei Seger; *Renel*, in Outzen's Gl. 448. Vgl. *Rinelt*, neben *Rinolt* (Gemalin des Lubbo Onconis), a. 1396. Fries. Arch. 1, 122; 119;

dann *Edel, Iddel* [1]), *Fokel (= Folkel)*. *Ritzel, Temmel*, bei Seger; *Gondel*, bei Johansen S. 18.

Edel ist vielleicht = *Edilda (Ethelhild)* oder *Edolda (Ethelolda)*, wenn nicht = *Adala*. Vgl. Eddelt m., sæc. 16. Fries. Arch. 1, 420.

Fokel wahrscheinlich = *Folchilt* (a. 821. Ried. n. 21), *Folcheldis* (sæc. 11—12. Cartul. de l'abbaye de Beaulieu n. 116). Vgl. *Folkeld*, wie nach Outzen's Gl. 431 die aus der friesischen Geschichte bekannte *Foelke* de quade (die Böse) auch genannt wird. Wegen *Fokel* = *Folkel* siehe *Focco*.

Ritzel d. i. *Rickel* ist = *Richeldis* (f., sæc. 11. Polypt. Irm. 50ª) oder = *Richolda* (manc. a. 1078. Miræus. Op. 1 p. 665, a), *Richoldis* (sæc. 11. Polypt. Irm. 49, 94).

Gondel ist = *Gundhilt* f., a. 804. Dronke, Cod. n. 216. Vgl. *Gondrik* in dem Ortsnamen *Gondrikes*hem, sæc. 10. Crecel 1, 22.

Von romanischen Frauennamen vergleiche man:
Matell, sæc. 11. Cartul. Sti Vict. n. 617 = *Mathildis;*
Guidenel, a. 1034. Cartul. Sti Vict. n. 1046 = *Widenildis* d. i. *Withildis* (sæc. 8. Polypt. Irm. 140, 46).

2*)

Im ersten Theile der voranstehenden Abhandlung (Sitzungsber. LII. Bd., S. 314) ist bereits darauf hingewiesen worden, dass in friesischen Namen wurzelhaftes *n* oft in *m* umgewandelt erscheint.

---

[1]) *Iddel* und *Id* sind wangerogische Frauennamen. Fries. Arch. 1, 341.
*) Zur S. 453, Anm. 1.

Die dort angeführten Beispiele sind:

Umke Ripperda, a. 1397. Egger. Ben. l. 1 c. 178 = *Uncke* Ripperda, a. 1400. l. c. c. 186 [1]) und

Omke Snelgeri, a. 1401. Ubbo Emm. l. 17 p. 240 = *Oncke* Snelgers, a. 1397. Egger. Ben. l. 1 c. 178.

Man vergleiche noch:

Uma m. a. 1248. Fries. Arch. 2, 350; *Umme* Jabben, saec. 16. l. c. 1, 419; *Ommo* Wiarda, a. 1422. Egger. Ben. l. 1 c. 221 p. 226; *Omma* Rammedes, saec. 16. Fries. Arch. 2, 109; Feddekke *Uminga*, a. 1420. Egger. Ben. l. 1 c. 221 p. 226 = Fedeko *Uninga*, a. 1420. Ubbo Emm. l. 18 p. 273; *Onne* Onsteman, a. 1400. Egger. Ben. l. 1 c. 185; Fejo *Onama*, a. 1494. Ubbo Emm. l. 32 p. 499; Wicke *Onnama;* Evert *Onnema*, a. 1422. Egger. Ben. l. 1 c. 221 p. 226; *Onne* f. a. 1440. l. c. l. 2 c. 37; *Onko*, a. 1443. Fries. Arch. 2, 370; Ico *Oncœus*, a. 1387. Ubbo Emm. l. 15 p. 220; Eilko *Unsten*, saec. 15. Egger. Ben. l. 1 c. 217; Onne *Onsteman; Unbald* in *Unbaldeswerf*, a. 1232. Ubbo Emm. l. 9 p. 142.

Weitere Belege sind:

Armet (d. i. *Arnet*) von Oynhuesen, a. 1515. Egger. Ben. l. 3 c. 189 = *Arnoldus* Oijenhusius, a. 1515. Ubbo Emm. l. 48 p. 747.

Geroldus *Camminga*, a. 1398. Ubbo Emm. l. 16 p. 230 = Garrelt *Cuninga*, a. 1396. Egger. Ben. l. 1 c. 174. — Der einfache Name, welcher diesem Patronymicum zu Grunde liegt, ist *Cama (Cano), Cuno* = altfriesisch *Keno, Kono.* Vgl. *Keno Kenonius*, a. 1377. Ubbo Emm. l. 15 p. 214 [2]), die Deminutiva *Kaneke* (Hidde *Kaneken*), a. 1442. Brenneisen 1 l. 3 n. 17 p. 65; *Kanke* (Tyard *Kankena*), saec. 15. Egger. Ben. l. 3 c. 13; *Canko* (Hicco *Cankonius*), a. 1554. Ubbo Emm. l. 60 p. 951; *Kunke* f., Eiderstedt; *Künke, Könke* f., Brem. Wb. nach Outzen's Gl. 440; Taco und Peter *Camstra*, a. 1420. Egger. Ben. l. 1 c. 217 p. 209 = Taco und Pieter *Camminga*, a. 1422. l. c. c. 221 p. 226; ferner Fye *Keens* f., † a. 1545. Egger. Ben. l. 4 c. 115; Dodo *Kensena*, a. 1442. l. c. l. 1 c. 221 p. 226; Imel *Kenesna*, a. 1372. l. c. c. 150; Egbert *Co-*

---

[1]) *Onka* Ripperda, saec. 14. Sybe Jarich, Corte Chron. Brouërii Annales medii aevi 1, 445; *Unico* Ripperda, a. 1401. Ubbo Emm. l. 17, p. 240.

[2]) *Keno Keensena*, Ejusd. Schediasma de nominibus famil. nob. in Frisia.

ninck, a. 1514. l. c. l. 3 c. 177; *Kemolda* f., a. 1441. Ubbo Emm. l. 22 c. 356 = *Kenolda*.

Frederik *Meming*, a. 1428. Oldenb. Lagerb. Fries. Arch. 1, 452 = Vrederik *Meiningh*, l. c. p. 453. — *Memmo* Ommena, a. 1355. Fries. Arch. 1, 117; *Memmo* (Abt zu Teding), a. 1397. Egger. Ben. l. 1 c. 176; Ludolfus *Meima*, a. 1415. Ubbo Emm. l. 18 p. 263; *Memeke* (Tade *Memeken*), sæc. 16. Fries. Arch. 1, 423; *Memke* m. bei Seger; *Menso* Alting, a. 1595. Brenneisen 1 l. 7 n. 53 p. 421; *Mene* Folkerts, sæc. 16. Fries. Arch. 1, 420; *Menne* Tjessena, a. 1422. Egger. Ben. l. 1 c. 221 p. 225; *Minno* Hillæus, a. 1494. Ubbo Emm. l. 32 p. 499; *Mina* Euordisna f., sæc. 14. Fries. Arch. 1, 113; *Mynnyck, Meynke*, sæc. 16 l. c. pag. 422; *Menke* m. bei Seger; *Menco*, a. 1252. Ubbo Emm. l. 9 p. 152; *Mynse?* (Dure *Mynsen*), sæc. 16. Fries. Arch. 2, 110; *Mins* m. *Minst* f. bei Seger; *Minnert* Jaben, sæc. 16. Fries. Arch. 1, 427.

Luwerdus *Sammingius*, a. 1463. Ubbo Emm. l. 24 p. 388 = Lywerdus *Saningha*, † a. 1471. Egger. Ben. l. 2 c. 114; Luwert *Sonhingka*, a. 1441. l. c. l. 2 c. 42. — Vgl. *Sunneke* (Claus *Sunneken*), a. 1428. Oldenb. Lagerb. Fries. Arch. 1, 460; nordfriesisch *Süncke, Söncke*, in Outzen's Gl. 451.

Wylmethus *Tammius*, a. 1387. Ubbo Emm. l. 15 p. 220 = Wylmet *Tannen*, a. 1387. Fries. Arch. 1, 118. — *Tammo* Gockinga, a. 1391. Ubbo Emm. l. 15 p. 223; *Tammel (Tamelenhus)*, a. 1428. Fries. Arch. 1, 455 (siehe Anhang 1); *Tomme* Hylrykes f. = *Tomke* Hylrykes, sæc. 16. Fries. Arch. 2, 109; 111; Abel *Tamminga*, a. 1424 l. c. p. 225; *Tanno* Kanken, a. 1441. Egger. Ben. l, 2 c. 40; *Tanne* (Cort *Tannen*), sæc. 16. l. c. 1, 422; Hero *Tansen*, a. 1527 l. c. p. 136 = Hero *Tannen* bei O. Klopp. S. 223 [1]).

Edo *Wijmconius*, † a. 1408. Ubbo Emm. l. 17 p. 252 = Ede *Winken*, † a. 1511. Egger. Ben. l. 3 c. 101 [2]). — Vgl. *Wemme* f., *Wimke, Wu˙mke* m. f. bei Seger; *Wemke* f. a. 1511. Egger. Ben. l. 3 c. 103 Anm. p. 516; Hobbeke *Wemming*, a. 1428. Oldenb.

---

[1]) Vgl. aber auch ahd. *Tammo, Tommo* = *Thankmar*, dann *Tommeth* im Anhang 3.
[2]) Dieselbe Person trotz des verschieden angegebenen Sterbejahres.

Lagerb. Fries. Arch. 1, 454; *Wimel (Wimelshus)*, a. 1428. Fries. Arch. 1, 436 (siehe Anhang 1); *Weno*, Leibn. Collect. etym.; *Wijnco* (Enno *Wijnconis*), a. 1431. Ubbo Emm. l. 21 p. 326; *Wenneke*, a. 1428. Oldenb. Lagerb. Fries. Arch. 1, 450; *Wentit* f., bei Seger.

Ferner reihe ich noch an:

Amme Oyken, sæc. 16. Fries. 1, 426; Fadeke *Ammessen*, a. 1427 l. c. p. 145; *Amco, Amso* (= *Amco, Anco*), Leibn. Collect. etym.; *Amka* f., a. 1426. Ubbo Emm. l. 20 p. 297. *Anke* in Outzen's Gl. 422.

Bemmo, im Patronymicum *Bemmana*, (Hilricus), a. 1355. Fries. Arch. 1, 117 = *Benno* (d. i. *Berno*), sæc. 10. Crecel. 1, 27; *Benne*, m. bei Seger. Vgl. Heine *Bening*, a. 1428. Oldenb. Lagerb. Fries. Arch. 1, 455; Gerlt *Beninga*, a. 1379. Egger. Ben. l. 1 c. 166; Coerdt *Penninck*, a. 1540. l. c. l. 4 c. 96; *Bennert*, Anhang 5.

Bome (Haneke *Bomes*), a. 1428. Oldenb. Lagerb. Fries. Arch. 1, 453; *Bonno*, a. 1534. Ubbo Emm. l. 57 p. 877 = *Bunne*, a. 1534. Egger. Ben. l. 4 c. 51. Gherke *Boneken*, a. 1428. Fries. Arch. 1, 468; Leo *Bonninga*, a. 1494. Ubbo Emm. l. 34 p. 518; Dothias *Bonga*, a. 1500. l. c. l. 39 p. 596.

Feme im Patronymicum *Feming* (Hermen), a. 1428. Oldenb. Lagerb. Fries. Arch. 1, 456; *Ffemmo*, a. 1331. Fries. Arch. 1, 115; *Fimme* m. bei Seger. *Finn* (der Friesen Herr), Vīðsīðl. 53; dann nordhumbrischer König, sæc. 3? Chron. Sax. ad a. 547; *Fin*, sæc. 13. Liber vitæ eccl. Dunelm. 51, 2 [1]); *Finbeorn*, sæc. 12. l. c. 58, 2; *Dagfin*, sæc. 11. Kemble 4, n. 954. Aus diesem Stamme gebildet ist auch der Familienname *Finke* = *Finico*.

Gumme m. Alt-Nordstrand. = *Gunne* m.; *Günne* f. in Outzen's Gl. 433 d. i. *Gundo, Gunda.*

Hyme, sæc. 15. Fries. Arch. 1, 134; *Hima* Idzinga f., a. 1414. Ubbo Emm. l. 18 p. 262; Pope *Hymmen*, sæc. 16. Fries. Arch. 1, 419; *Hyno*, a. 1263. Fries. Arch. 2, 423; *Hinko* (Betto *Hinkena*), a. 1433. Ubbo Emm. l. 21 p. 332 = *Hunke* (Bette *Hunken*), a. 1434. Egger. Ben. l. 2 c. 18; *Hinse* l. c. pag. 447 [2]). Ist *Hyme (Himo)* = *Humo (Huno)*? Vgl. Grimm, Gramm. 1³, 405, 3.

---

[1]) Vgl. auch den keltischen Namen *Fin-us*, a. 858. Cart. Roton. n. 126.

[2]) Wegen *Hinna* f., sæc. 11. Verbr. v. St. P. 5, 4, wenn nicht = *Hinda*, vgl. *Hinolobe* (mancip.) f., a. 772. Urkdb. v. St. G. n. 66.

Hemme Frerykes, sæc. 16. Fries. Arch. 2, 109; *Hemming* = *Henning* nach Outzen's Gl. 435; *Hemmeke Hemminges*, a. 1428. Fries. Arch. 1, 455; *Hemke* Hyllerdes, sæc. 16. l. c. p. 421; Abbo *Heemsta*, a. 1422. Egger. Ben. l. 1 c. 221 p. 225. *Heine*, a. 1428. Fries. Arch. 1, 455; *Heinecke, Henke* a. 1428. l. c. 1, 451; 455.

Humo Oitema, a. 1422. Egger. Ben. l. 1 c. 221 p. 226 = *Heimo* Oetma, a. 1420. l. c. c. 217 p. 209; *Hummo* Humminga, a. 1422. Ubbo Emm. l. 19 p. 289; Feddo *Hommius*, a. 1514. l. c. l. 60 p. 949; *Homco*, Leibn. Collect. etym.; *Huno*, sæc. 11. Fries. Arch. 2, 246; Georgius *Honius*, a. 1533. Ubbo Emm. l. 56 p. 872; *Honke* m. bei Seger; *Hunke* bei *Hyme*.

Ymme (Mamme *Ymmen*), sæc. 16. Fries. Arch. 1, 424; *Imme* m., *Imke* f. bei Seger. *Ino* Cankena, a. 1433. Egger. Ben. l. 2, c. 13; *Ine* Juelffs, sæc. 16. Fries. Arch. 2, 109; *Ynne* (None *Ynnen*), sæc. 16. l. c. 2, 111 [1]); *Inyke* Hayen l. c. pag. 109; *Yneke* Oneken, a. 1527. l. c. 1, 136 = *Ike* Onken pag. 141; Hyllert *Ycken* l. c. 2, 109; *Inse, Insche* f. bei Seger. Oder sollte neufries. *Imme*, wie althd. *Immo*, = *Irmo, Irmin* sein?

Lumme, sæc. 16. Fries. Arch. 1, 420; *Lüm* m., *Lümke* f., bei Seger; *Lammeke* (Gherke *Lammeken*), a. 1428. Oldenb. Lagerb. Fries. Arch. 1, 458. Vgl. altfries. *lond, land* (Land); *lan*, Epk. 259; *lon, lön* Outzen, Gl. 192.

Momme m. nordfries.; *Momme* f., *Mumme, Momke, Mumke*, das Patronymicum *Momsen, Mumsen*, in Outzens Gl. 443. *Monno*, a. 1544. Ubbo Emm. l. 59, p. 926; *Monike*, a. 1428. Oldenb. Lagerb. Fries. Arch. 1, 453.

Mammo, a. 1443. Fries. Arch. 2, 370; *Mamme* und *Mammeke* (Tyark *Mammeken*), sæc. 16. l. c. 1, 423. *Manno*, Leibn. Collect. etym.; Lutetus *Manninga*, a. 1428. Ubbo Emm. l. 20, p. 309; *Manniko*, sæc. 10. Crecel. 1, 19; *Manke* m., *Maneke* f., Eiderstedt. Outzen's Gl. 442.

Noome, Sohn des Wiard *Noomen*, a. 1533. Brenneisen 1, l. 5. n. 10, p. 170; *Nomme*, nordfries. nach Outzen's Gl. 444; *Nomke* (a. 1260), *Numke* auf Helgoland; *Nommel* m., l. c. (siehe Anhang 1). *Nonno* Reinkena, a. 1443. Fries. Arch. 2.

---

[1]) *Ini* (König der Westsachsen), a. 725. Kemble 1, n. 73.

370; *None* Ynnen, sæc. 16. l. c. pag. 111 ¹); *None* f. bei Seger; Occalo *Noneca*, sæc. 14. Ubbo Emm. l. 15, p. 223; *Nonke* m. bei Seger, *Nonke* f. nordfries. in Outzen's Gl. 444; ? *Naame* nordfries. und Eiderstedt. l. c. 443; *Nanne, Nanneke*, sæc. 16. Fries. Arch. 1, 425; 417.

Remco (Hermannus), a. 1554. Ubbo Emm. l. 60, p. 951; Upco *Remconius*, a. 1494 l. c. l. 32, p. 499. Weno *Reniconis*, a. 1438. l. c. l. 22, p. 342; *Renke* m., bei Seger; *Reincke*, a. 1422. Egger Ben. l. 1, c. 221, p. 226; *Rintse* m., Japicx 1, 89; *Rynste*, sæc. 16. Fries. Arch. 2, 111; *Reinste* f., a. 1413. Egger. Ben. l. 1, c. 197; *Reino* (Taleke *Reining*), a. 1428. Oldenb. Lagerb. Fries. Arch. 1, 456; *Reine* f., bei Seger. *Reimerick* m. l. c. = *Rainrich*, bei Smaragdus.

Wermeld (Bruneke *Wermelding*), a. 1428. Fries. Arch. 1, 455 = *Werinold*.

Gummell, sæc. 16. Fries. Arch. 1, 419. Siehe Anhang 1.

Die Umwandlung des *n* in *m* erscheint auch in der Patronymica bildenden Silbe; so in

Juco *Ailema*, a. 1422. Ubbo Emm. l. 19, p. 289 = Jucke *Ailena*, a. 1422. Egger. Ben. l. 1, c. 221, p. 225;

Taco *Ubbema*, a. 1499. Ubbo Emm. l. 38, p. 582 = Taco *Obbana*, a. 1494. l. c. l. 32, p. 499 ²);

Redmerus *Alma*, a. 1499. Ubbo Emm. l. 38, p. 579. Vgl. Folcmarus *Allena* (*Allenius*), cujus parens *Allo*, a. 1355. l. c. l. 14, p. 204.

Hero *Aucama* (d. i. Sohn des *Auco, Avico*), a. 1419. Ubbo Emm. l. 18, p. 273 = Hero *Aukinga*, a. 1413. l. c. l. 18, p. 258. Vgl. *Auco* Kempius, a. 1500. l. c. l. 39, p. 595.

Siurtus *Beima* (d. i. Sohn des *Beio* oder *Beimo*?), a. 1496 Ubbo Emm. l. 36, p. 544 ³). Vgl. *Bemmo* S. 480.

---

¹) Vgl. *Nunnus* pbr. a. 874. Esp. sagr. 34, 340; *Nunilo* (Sta), a. 1052. l. c. 33, 419; *Nunna* (König der Südsachsen), a. 692. Kemble 5, p. 36, n. 995.

²) Vgl. auch Bebbo *Ubbema*, a. 1273. Ubbo Emm. l. 11, p. 175 = Bebbo *Ubbingha*, a. 1277. Egger. Ben. l. 1, c. 168.

³) Ich nehme hier und bei allen folgenden Namen an, dass die Patronymica aus dem Namen des Vaters gebildet sind, was freilich nicht überall stattfindet. So heisst z. B. der Vater des Siwerd *Syrtema*, a. 1191. Ubbo Emm. l. 7, p. 114 nicht *Syrt* (d. i. *Sighard* oder *Sigward*), sondern *Wibo*; *Syrt* war vielleicht der Name des Grossvaters.

Renico *Boccama* (d. i. Sohn des *Bocco*), a. 1401. Ubbo Emm. l. 17, p. 243.

Wibrandus *Bolesma* (d. i. Sohn des *Bolo*, *Boldo*), a. 1445. Ubbo Emm. l. 23, p. 359.

Juwe *Dekama* (d. i. Sohn des *Deko*), a. 1494. Egger. Ben. l. 1, c. 167.

Herman *Douwama* (d. i. Sohn des *Douwo*), a. 1420. Egger. Ben. l. 1, c. 217, p. 209.

Wyt *Dunema* (d. i. Sohn des *Duno*), a. 1536. Egger. Ben. l. 4. c. 70.

Aepke *Edema* (d. i. Sohn des *Edo*), a. 1422. Egger. Ben. l. 1, c. 221, p. 226.

Pybo *Eelkma*, a. 1420. Egger. Ben. l. 1, c. 217, p. 209 und Pibo *Elixma*, a. 1420. Ubbo Emm. l. 19, p. 280, d. i. *Pibo*, Sohn des *Eliko*.

Focco *Eusma* (filius *Ewonis*), a. 1415. Ubbo Emm. l. 18, p. 263.

Popke *Feddama* (d. i. Sohn des *Feddo* = *Ferdo*, *Fredo*), a. 1422. Egger. Ben. l. 1, c. 221, p. 226. Siehe Anhang 6.

Andelefus *Frantama* (d. i. Sohn des *Franto*), a. 1415. Ubbo Emm. l. 18, p. 263.

Sicke *Fricksma* (d. i. Sohn des *Fricko*, d. i. *Frederik*), a. 1422. Egger. Ben. l. 1, c. 221, p. 226; derselbe Sicco *Feidsma*, a. 1422. Ubbo Emm. l. 19, p. 289.

Allardus *Gaicama* (d. i. Sohn des *Gaico*), a. 1499. Ubbo Emm. l. 38, p. 576.

Aggo *Harinxma* (d. i. Sohn des *Haring*), a. 1422. Egger. Ben. l. 1, c. 221, p. 226.

Albika *Harweisma* (d. i. Sohn des *Herwich*), a. 1422. Egger. Ben. l. 1, c. 221, p. 226.

Geroldus *Herema* (d. i. Sohn des *Hero*), a. 1515. Ubbo Emm. l. 48, p. 746.

Siwert *Heinema* (d. i. Sohn des *Heino*), a. 1422. Egger. Ben. l. 1. c. 221, p. 226.

Douvo *Hiddema* (d. i. Sohn des *Hiddo*), a. 1500. Ubbo Emm. l. 39, p. 593.

Popco *Inema* (d. i. Sohn des *Ino*), a. 1382. Egger. Ben. l. 1, c. 168; Sebo *Enema*, a. 1391. Ubbo Emm. l. 15, p. 223.

Tjart *Jongama* (d. i. Sohn des *Jungo*), 1422. Egger. Ben. l. 1, c. 221, p. 226; derselbe Tjart *Junga*, a. 1420 l. c. l. 1, c. 217, p. 209.

Geroldus *Jausma* (d. i. Sohn des *Javo*, d. i. *Ljavo?*), a. 1473. Ubbo Emm. l. 28, p. 425 [1]).

Wopko *Juusma* (d. i. Sohn des *Juvo*), a. 1473. Ubbo Emm. l. 28, p. 425 und Woppco *Juvesma* (idem), a. 1481. l. c. l. 28, p. 435.

Sicco *Lawkama*, a. 1420. Egger. Ben. l. 1. c. 217, p. 209; derselbe Sicco *Liaucama*, a. 1420. Ubbo Emm. l. 19, p. 280 [2]).

Tacco *Meccama*, a. 1473. Ubbo Emm. l. 28, p. 425 = Take *Megama*, a. 1422. Egger. Ben. l. 1. c. 221, p. 226, d. i. Sohn des *Meko*, ahd. *Mago*. Vgl. Wilibrordus *Meckenius*, a. 1473. Ubbo Emm. l. 28, p. 424.

Sirck *Mellama* (d. i. Sohn des *Mello*), a. 1422. Egger. Ben. l. 1, c. 221, p. 226.

Tedo *Mencama* (d. i. Sohn des *Menico*), a. 1422. Ubbo Emm. l. 19, p. 290.

Wicke *Onnama;* Evert *Onema*, a. 1422. Egger. Ben. l. 1. c. 221, p. 226.

Humo *Oetema* (d. i. Sohn des *Oto*), a. 1422. Egger. Ben. l. 1. c. 221, p. 226; derselbe Heimo *Oetma*, a. 1420. l. c. l. 1, c. 217, p. 209.

Laes *Rodmasma*, a. 1422. Egger. Ben. l. 1. c. 221, p. 226 und Claus *Rodmersma*, a. 1420 l. c. l. 1. c. 217, p. 209 = Lasius *Rodmersna*, a. 1422. Ubbo Emm. l. 19, p. 289. Vgl. auch Douvo *Rodemarius*, a. 1494 l. c. l. 34, p. 517.

Sippo *Sceltuma* (d. i. Sohn des *Scelto*), a. 1473. Ubbo Emm. l, 28, p. 425.

Taco *Sitema* (d. i. Sohn des *Sito*), a. 1495. Ubbo Emm. l. 34, p. 521.

Dodo *Sijusma* (d. i. Sohn des *Sivo*), a. 1419. Ubbo Emm. l. 18, p. 273 [3]).

Sizo *Siucama* (d. i. Sohn des *Siuco, Sivico*), a. 1491. Ubbo Emm. l. 31, p. 474.

---

[1]) Im Nordfriesischen tritt vor *j* bisweilen Aphairesis des *l* ein. Vgl. *jacht* = *ljacht* (Licht). Outzen, Gl. Vorrede XXI. Vgl. fries. *Jaucke* f., bei Seger, = *Liavike?*

[2]) *Lawkama* führt auf *Lawko*, *Laviko* = altsächs. *Leifico*, ahd. *Leibicho*, *Liaucama* dagegen auf *Ljawico*, altfries. *Liafico*, ahd. *Liubicho*.

[3]) Vgl. Douwo *Sywesma*, a. 1422. Egger. Ben. l. 1, c. 221, p. 226. Dieses Patronymicum kann = *Sywersna*, *Sywertsna* aufgefasst werden, wie ja auch *Rodmasma* statt *Rodmersma* und *Brungena* (Ocko), a. 1460. Brenneisen 1, l. 3, n. 37, p. 84 statt *Brungersna* steht. *Brunger* wird l. c. der Vater dieses *Ocko* genannt.

Syo *Staetsma* (d. i. Sohn des *Stedo* = ahd. *Stâto?*), a. 1420. Egger. Ben. l. 1. c. 217, p. 209 [1]).

Taca *Suidcama* (d. i. Sohn des *Svidico*), a. 1422. Ubbo Emm. l. 19, p. 290.

Douwo *Tiesma* (d. i. Sohn des *Tiedo, Thiado*), a. 1420. Egger. Ben. l. 1. c. 217, p. 209. Vgl. Menne *Tiessena*, a. 1422. l. c. c. 221, p. 225.

Jelteke *Wiggama* (d. i. Sohn des *Wiggo*), a. 1422. Egger. Ben. l. 1, c. 221, p. 226.

Steht auch in den Frauennamen *Folckem, Iddem, Rickem* m statt n? Vgl. den folgenden Anhang.

3 *)

Lübben fragt in Haupt's Zeitschrift 10, 320: „was ist aber *Folckem* und *Folckemet?*"

In der voranstehenden Abhandlung (S. 453) habe ich in *Folckem*, wie in *Iddem* und *Rickem*, contrahirte Formen vermuthet, doch wahrscheinlicher ist, dass in diesen Namen das auslautende m die Stelle von n vertritt [2]) und sie mit den Frauennamen *Ste'ven; Gerken* [3]), *Harmken, Janken* und mit dem Mannsnamen *Heertken*, alle bei Seger, zu vergleichen und mit den durch -in gebildeten Deminutiven (Kosenamen 1, S. 306) zu vereinigen sind.

Folkemet f. (sæc. 16. Fries. Arch. 1. 425) aber ist = neufriesisch *Folkemoed*, altfries. *Folkmôd*, althochd. *Folkmuot*. Vgl. *Folcmuda* f., sæc. 8. Cod. Lauresh. n. 201; *Folkmod* f., sæc. 10. Crecel. 1, 16 [4]).

Hieher gehören auch die Frauennamen:

Almoet, a. 1494. Brenneisen 1, l. 4, n. 13, p. 111; *Almeda*, a. 1465. Ubbo Emm. l. 25, p. 390 = *Adalmoda* (sæc. 9. Meichelb. n. 945);

---

[1]) Zu *Stedo* stellt sich vielleicht *Stke* tho Wytwert, der a. 1406. Egger. Ben. l. 1, c. 200, Anm. p. 186 als Zeuge erscheint, doch vgl. *Stheche* in *Sthechman's* hus, a. 1428. Oldenb. Lagerb. Fries. Arch. 1, 482.

[2]) Siehe Anhang 2.

[3]) Wangerogisch *Garken*, Fries. Arch. 1, 341.

[4]) Ahd. *muot*, altfries. *môd*, neufries. *moed* (Epk. 301).

*) Zur S. 453.

Wimede, sæc. 15. Fries. Arch. 1, 134; *Wimode*, sæc. 10. Crecel. 1, 21 = *Wigmoda*;

Ryckemeth (Ryckemers Frau), sæc. 16. Fries. Arch. 1, 423. Vgl. *Rigmudis* f. a. 1198. Quellen z. Gesch. d. St. Köln 1, n. 13;

Ketilmeth in Outzen's Gl. 439. Vgl. den Frauennamen *Ketelfrid* l. c. und den altnordischen Mannsnamen *Ketilbjörn*, Saga Ólafs Tryggv. 1, 242, dann die Frauennamen *Holmketel, Vlfketel*, sæc. 12. Liber vitae eccl. Dunelm. 5, 3;

die Männernamen:

Wylmet Tannen, a. 1387. Fries. Arch. 1, 118, *Wylmethus Tammius*, a. 1387. Ubbo Emm. l. 15, p. 220; *Wylmot*, a. 1438. Fries. Arch. 1, 511;

Helmeth, bei Seger = *Hildimod*, sæc. 10, Crecel. 1, 23;

Garmet Allena, a. 1477—1500. Ubbo Emm. Fasti consul. reip. Groning. De Agro Frisiæ p. 75, verkürzt *Garmt* in Outzen's Gl. 432.

Wermed im Patronymicum *Wermeding* (Bruneke), a. 1428. Fries. Arch. 1, 455 = *Werinmod*. Vgl. *Wernmot*, a. 853. Honth. n. 87; *Wermuot* (mancip.) a. 853. Beyer 1. n. 83.

Rhemet, sæc. 16. Fries. Arch. 1, 424; *Remet* Redersna, a. 1460. Brenneisen 1, l. 3 n. 36 p. 83, verkürzt *Reemt*, a. 1514. Egger. Ben. l. 3 c. 191 = *Hruodmod?* Vgl. *Roelof* (Bischof von Utrecht), a. 1434. Egger. Ben. l. 2 c. 16 = *Rudolf*[1]). *Remet* kann aber vielleicht auch = *Renet, Reint* d. i. *Renelt, Renold* oder *Renert, Renhard* sein.

Tyammet Gummels, sæc. 16. Fries. Arch. 2, 109 = *Thiadmod*.

Tommeth Siberens, sæc. 16. Fries. Arch. 1, 427 = *Thonkmod* (ahd. *Thankmuot*)? *Tomme* (Hyllert *Tommen*) l. c. p. 424 = *Tammo*, sæc. 10. Crecel. 1, 14, d. i. *Thankmar*[2]). *Tomke* f.[3])

---

[1]) Vgl. auch *Relef* (Fulf *Releues*), sæc. 16. Fries. Arch. 1, 426 = *Roelof* d. i. *Hruodolf*. Schwerlich dürfte in diesen Namen *re-* als neufries. *ree*, altfries. *réde, réd* (promtus) aufgefasst werden. — *Rammeth* Ulrykes, sæc. 16. Fries. Arch. 1, 422 ist von *Remet* vielleicht nur dialectisch verschieden.

[2]) *Tommo*, a. 1004. Thietm. chron. 6, 11. Pertz, Mon. 5, 809, 24 scheint nach der Anm. 4 identisch zu sein mit *Thangmarus* (Variante *Thonginarus* d. i. *Thongmarus*), a. 1003. Ann. Quedlinb. l. c. 5, 78, 45 und *Tanko*, laicus, im Necr. Merseb Oct. 25. Vgl. S. 444: *Tammo*.

[3]) „*Tomke Hylryke dochter* tho hassens." *Tomme Hylrykes* l. c. pag. 109 ist vielleicht dieselbe Person.

sæc. 16. Fries. Arch. 2, 111 = *Thonke?* Vgl. auch Ynick *Tommets*, sæc. 16. Fries. Arch. 1, 418.

4 *)

Man könnte versucht werden *Fraura* (Outzen's Gl. 43) = *Frawirata* (a. 771. Dronke Cod. n. 36) und *Tiadera* (a. 1447. Ubbo Emm. l. 23 p. 363) = *Thiadrada* zu nehmen, allein ich halte dafür, dass *Fraura* = *Frawer*, *Fraur* (Outzen l. c.) nach Syncope des *e*, *Tiadera* = *Tyadder* f., sæc. 16. Fries. Arch. 1, 135 seien und stelle sie mit *Ramera* f., a. 1447. Ubbo Emm. l. 23 p. 363 [1]) zu den friesischen Frauennamen:

Gunder, in alten Kirchenbüchern, nach Outzen's Gl. 433;

Hilder } in Haupt's Zeitschr. 10, 300; 301;
Lutcher

Emmer, in Outzen's Gl. 429;

Inger (dänisch) nach Outzen's Gl. 338.

Im Auslaute dieser Namen sehe ich den Stamm *-gerd*, durch Erweichung und Ausfall des *g* [2]) und durch Apocope des Dental zu *-er* verkürzt.

Ich fasse demnach

Fraura = *Vrougart*, c. a. 1150. Mon. boica, 3 p. 43 n. 126;

Tyadder = *Tiadgerd*, sæc. 10. Crecel. 1, 14;

Ramera =? *Reingard*, sæc. 10. Crecel. 1, 27;

Gunder = *Cundigart*, a. 864. Ried. n. 47;

Hilder = *Hillert* f., a. 1527. Fries. Arch. 1, 135 (Hillet 140) d. i. *Hildegart*, sæc. 8. Cod. Lauresh. n. 1147; *Hilligerd*, sæc. 10. Cal. Merseb. Oct.;

Emmer =? *Irmingarda*, sæc. 10. Crecel. 1, 20;

Inger = *Ingardis*, sæc. 8. Polypt. Irm. 7, 6;

Lutcher mit Erhaltung des Kehllautes = *Liudgerd*, sæc. 10. Crecel. 1, 14; *Liudert* f., sæc. 15. Fries. Arch. 1, 124.

---

*) Zur S. 453.

[1]) Der Auslaut *-a* in *Fraura*, *Tiadera*, *Ramera* ist an die ursprünglich auf *r* auslautenden Namen erst durch ihre Latinisierung herangetreten.

[2]) Ausfall des anlautenden *g* in der Composition zeigen die Frauennamen *Hillert Liudert*. Wegen der Apocope des auslautenden Dental vgl. Anhang 2.

Der Form nach reiht sich noch an der Frauenname *Moeder*, a. 1441. Egger. Ben. l. 2 c. 41; *Moder* bei Seger. Ihm entspricht *Muotter* f., sæc. 12. Cod. trad. Claustroneob. n. 144, und es ist an eine Verkürzung aus *Modgerd* hier kaum zu denken.

Dieser Name erregt aber zugleich ein gerechtes Bedenken gegen die Erklärung der übrigen gleichauslautenden Namen und weckt die Vermuthung, dass sie wie dieser gebildet und demnach auch in gleicher Weise zu erklären sind.

Dem friesischen Namen *Tyadder* und dem dänischen *Inger* würden somit *Teudhara* (mancip.), a. 774. Neug. n. 13; *Teodara*, sæc. 8. Polypt. Irm. 25, 8 [1]) und *Ingara*, sæc. 7. Pard. n. 358 entsprechen, und zur Vergleichung wären noch herbeizuziehen:

Liepara (mancip.), a. 959. Quellen z. Gesch. d. St. Köln 1 n. 12;

Givara, sæc. 8. Polypt. Irm. 218, 27;

Gislara, sæc. 8. Polypt. Irm. 22, 3;

Goildara, sæc. 12. Liber vitæ eccl. Dunelm. 49, 1;

Wilhara, a. 797. Honth. n. 61;

dann mit romanisirtem Auslaute *(-ia)*:

Eutharia 84, 46 [2]); *Ermen-t-aria* 86, 59: *Ingalaria* 184, 39; *Leutharia* 48, 86; *Richaria* 211, 21 [3]) im Polypt. Irminonis: *Notharia*, sæc. 9. Polypt. Rem. 76, 58;

endlich mit umgelautetem Wurzelvocal im auslautenden Stamme:

Anseria, sæc. 9. Polypt. Rem. 51, 85;

Ermentera, sæc. 8. Polypt. Irm. 47, 79; *Gislera* l. c. 27, 23;

Leotheria, a. 694. Pard. n. 432.

Nicht zu übersehen sind auch die Männernamen:

Adalar (mancip.), a. 789. Urkundb. v. St. Gallen n. 121;

Ebararo, sæc. 11. Meichelb. n. 1122;

Steinar, sæc. 12—12. Liber vitæ, 49, 1.

Von dieser Erklärung bleibt *Lutcher*, sicher = *Liudgerd*, ausgeschlossen.

---

[1]) *Teodarus* ihr Bruder.
[2]) *Eutharius* ihr Vater.
[3]) *Richarius* ihr Bruder.

5 *)

Namen gebildet mit *-hard (-hert)*, *-ward (-wert)* sind bei den Friesen häufig im Gebrauche. Man beachte:

Faalkart (nordfries.) = *Volkert* bei Johansen S. 18;

Gherhard, a. 1242. Fries. Arch. 2, 313;

Lenart, a. 1514. Egger. Ben. l. 3, c. 217;

Nyttart, a. 1443. Fries. Arch. 2, 370;

Ritzart (Friesenfürst, sæc. 5.), Egger. Ben. l. 1 c. 17;

Schichard, a. 1443. Egger. Ben. l. 2 c. 18;

Schinardus (praefectus Oldenburg.) a. 1443. Ubbo Emm. l. 21 p. 332;

Tjart, a. 1420. Egger. Ben. l. 1 c. 221 p. 226; *Taerdt*, sæc. 16. Fries. Arch. 2, 109;

Werardus, a. 1355. Fries. Arch. 1, 117;

Wulfardus, a. 1300. Ubbo Emm. l. 12 p. 184;

Alert, sæc. 16. Fries. Arch. 2, 111;

Bennerdus Doniæus, a. 1473. Ubbo Emm. l. 28 p. 425;

Bredert (Reuro *Brederdus*), a. 1283. Ubbo Emm. l. 12, p. 178;

Borcherd, a. 1428. Oldenb. Lagerb. Fries. Arch. 1, 468; wangerogisch *Bórgert*, Fries. Arch. 1, 340;

Egert, sæc. 16. Fries. Arch. 1, 112; *Eggert*, a. 1428. l. c. p. 469;

Eylerd, a. 1428. Oldenb. Lagerb. Fries. Arch. 1, 433;

Eert, a. 1455. Egger. Ben. l. 2 c. 72, d. i. *Evert* (Everhard), a. 1428. Fries. Arch. 1, 480;

Emnert (Folpertus *Emnertna*), a. 1277. Egger. Ben. l. 1 c. 125 =? *Aynnert* (Lyuwert *Ainnerdesna*), sæc. 15. Fries. Arch. 1, 337;

Folkert, sæc. 16. Fries. Arch. 1, 418;

Goddert, a. 1647. Egger. Ben. l. 2 c. 167. Anm. p. 406;

Hyllert (Oyke *Hyllerdes*), sæc. 16. Fries. Arch. 2, 111;

Kampert, a. 1428. Oldenb. Lagerb. Fries. Arch. 1, 478;

Klinkert (*Klinkerdes* werf), l. c. p. 448;

Kollort, a. 1536. Egger. Ben. l. 4 c. 74;

---

*) Zu S. 455, Anm. 3.

Lammert, a. 1581. Egger. Ben. l. 2, c. 167, Anm. p. 405;
Lûtert, wangerogisch, Fries. Arch. 1, 340;
Leffert, a. 1160. Egger. Ben. l. 1 c. 87 (*Leffardus* l. c. Anm.); *Liæffert* bei Japicx 1, 49;
Melchert, a. 1517. Brenneisen 1, l. 4 n. 31 p. 138;
Mynnert, sæc. 16. Fries. Arch. 1, 426; *Meindert*, a. 1582. Egger. Ben. l. 2 c. 167 Anm. p. 405; wangerogisch *Meinert*, Fries. Arch. 1, 340;
Ombert (*Ombertzna* fane), a. 1447. Fries. Arch. 2, 374;
Stittert, Schwittert, bei Seger;
Ulffert, a. 1492. Brenneisen 1, l. 4 n. 12 p. 108;
Wygert, sæc. 16. Fries. Arch. 1, 425; *Wichtert*, bei Seger; *Wiltert*, wangerogisch, Fries. Arch. 1, 340 [1]);

und von altfriesischen Namen bei Crecel. 1. sæc. 10:

Adalhard 21; *Bernhard* 17; *Brunhard* 16; *Thiaderd* 14; *Enhard*; *Eilherd* 14; *Elhard* 16; *Elderd* 15; *Euurhard* 17; *Folkhard* 13; *Frethuhard* 24; *Gerhard* 16; *Hrodhard* 11; *Menhard*; *Meginhard* 14; 23; *Renhard*; *Reginhard* 15; 22; *Wihard* 16;

ferner

Athalward, Alaward 17 (*Alwardus*, a. 1250. Fries. Arch. 1, 429); *Aldward* 23; *Eilward* 15; *Liudward* 16; *Menward* 14; *Miginward* 23; *Renward* 11; *Siward* 16; *Thancward* 11; *Thiadward* 16;

Edewart, a. 1421. Egger. Ben. l. 1 c. 222;
Volquardus, Liawart, Rodwardus, a. 1248. Fries. Arch. 2, 351;
Godewert (Klawes), a. 1428. Oldenb. Lagerb. Fries. Arch. 1, 485;
Grawert (Hinrich *Grawerts*), a. 1506. Brenneisen 1, l. 4 n. 28;
Hilwert, a. 1428. Oldenb. Lagerb. Fries. Arch. 1, 455;
Hercwerdus, a. 1271. Ubbo Emm. l. 11 p. 169;
Houwert (Hicco *Houwerda*) a. 1537. Egger. Ben. l. 4. c. 80;
Rangwerd, a. 1428. Oldenb. Lagerh. Fries. Arch. 1, 454;
Rewert (Wilcke *Rewerda*), a. 1422. Egg. Ben. l. 1 c. 221 p. 226;

---

[1]) In manchen der hier verzeichneten Namen kann der auslautende Stamm vielleicht auch *-werd* sein.

Sywert, sæc. 16. Fries. Arch. 2, 109; *Siuwerdus* Lubbana, a. 1331. Fries. Arch. 1, 115;

und wahrscheinlich auch *Hillart, Folckart, Eilart* bei Seger.

Apokope des Dentals in den beiden Stämmen *-hert, -wert*, insbesondere vor dem Patronymica bildenden *s*, zeigen die Männernamen:

Reiner Garmes, a. 1537. Ubbo Emm. Fasti consul. reipub. Gron. De agro Frisiae p. 84 = *Reint* Garmes, a. 1538. l. c. [1]).

Eler, a. 1428. Oldenb. Lagerb. Fries. Arch. 1, 448; Wilke *Elers* l. c. p. 453. Haye *Ailars*, sæc. 16. Fries. Arch. 2, 109. = *Elert, Eilert*. Vgl. *Elhard* bei Crecelius 1, 16.

Gonner, bei Seger = *Gondhard*, wangerogisch *Géntert*, Fries. Arch. 1, 340;

Alder (Edo *Aldersna*), a. 1277. Ubbo Emm. l. 11 p. 175;

Borgher (Henryk *Borghers*), sæc. 16. Fries. Arch. 1, 426. Vgl. *Borchert*, a. 1428. l. c. p. 448; Haye *Borgerdes*, sæc. 16. l. c. 2, 109;

Datter, sæc. 16. Fries. Arch. 1, 421; Abbyck *Datters*, sæc. 16. l. c. 2, 108;

Ducker (Meryn *Duckers*), sæc. 16. Fries. Arch. 2, 108;

Folker (Ede *Folkers*), sæc. 16. Fries. Arch. 2, 109. Vgl. *Folkert* Ycken l. c.

Grimer, in dem Ortsnamen *Grimershem*, Ubbo Emm. l. 21 p. 320;

Kaper (*Kapers* gud), a. 1428. Oldenb. Lagerb. Fries. Arch. 1, 454 = *Kapert* (vgl. Olteke *Kaperdes* [2]) l. c. p. 453) d. i. *Kampert*. Des *Kampert* gud, l. c. p. 478.

Lueder (Lubbe *Lueders*), sæc. 16. Fries. Arch. 2, 109 = *Liudhard*;

Nitter (Reinerd *Nittersina*), sæc. 16. Egger. Ben. l. 4 c. 157 Anm. p. 802. Vgl. *Nyttart*, a. 1443. Fries. Arch. 2, 370.

Reinder (Dedde *Reinders*), a. 1618. Egger. Ben. l. 2 c. 167 Anm. p. 405. Vgl. *Renhard*, sæc. 10. Crel. 1, 15.

---

[1]) *Reint* d. i. *Reinet, Reinert*.
[2]) Derselbe Olteke *Kamping* l. c. pag. 450. Vgl. auch *Kappe* (d. i. *Kampe*) in *Kappelman* l. c. pag. 463.

Stytter (Fredo *Stytters*), sæc. 16. Fries. Arch. 2, 110. Vgl. *Stittert* bei Seger [1]).

Tyader (Folkert *Tyaders*), sæc. 16. Fries. Arch. 2, 109. Vgl. *Tiaderd*, sæc. 10. Crecel. 1, 14.

Wyer (Adde *Wyersna*), a. 1461. Brenneisen 1, l. 3 n. 39 p. 87. Vgl. *Wierd*, a. 1442 l. c. l. 3 n. 19, p. 67.

Grawer (Henrich *Grawers*), a. 1514. Egger. Ben. l. 3 c. 180 = *Grauwert* (Hinrick *Grauwertz*), a. 1543. l. c. l. 4 c. 112, *Grawert* (Hinrich *Grawerts*), a. 1506. Brenneisen 1, l. 4 n. 28.

Lyur (Gayko *Lyursna*), a. 1443. Fries. Arch. 2, 370 und *Lyuwer* (Folcmer *Lyuwersna*), l. c. 1, 337 = *Lyuwert* l. c.

Reder (Remetus *Rederius*), a. 1460. Ubbo Emm. l. 25 p. 385. Vgl. *Redtwart*, a. 1148. Jeversche Chronik. Fries. Arch. 2, 405; *Redert* Beninga, a. 1442. Brenneisen 1. Anhang n. 1 p. 495.

Hiller (Boijo *Hillersna*), a. 1434. Ubbo Emm. l. 21 p. 332 Mene *Hyllers*, sæc. 16, Fries. Arch. 2, 112. Vgl. *Hilwert*, a. 1428. Oldenb. Lagerb. Fries. Arch. 1, 455; *Hyllert*, sæc. 16. Fries. Arch. 2, 109.

Da aber auch -*heri* im Auslaut friesischer Namen begegnet, so wird bei Bildungen der erwähnten Art oft auch dieser Stamm statt -*hart* anzunehmen sein.

In *Brader* [2]) und *Sander*, a. 1428. Oldenb. Lagerb. Fries. Arch. 1, 444 dürfte der auslautende Stamm -*heri* sein. Vgl. ahd. *Broter*, a. 752. Neug. n. 22 und *Sandheri*, sæc. 9. Dronke Cod. n. 142; *Sanderus*, sæc. 14. Quellen z. Gesch. d. St. Köln. 1 p. 177, aber auch *Bredert* (Reuro *Brederdus*), a. 1283. Ubbo Emm. l. 12 p. 178 und *Sandart* in *Sandardi* villa, sæc. 12. Cartul. Sti Petri Carnot. 2 p. 307 n. 53.

Dass in dem auslautenden Stamme -*herd* der Dental verbleiben, dagegen die mit ihm gebundene Liquida *(r)* schwinden kann, wurde in der voranstehenden Nummer 1, S. 489 und Anm. 3 an drei Beispielen *(Edzede = Edsart; Folket = Folkert; Lutet = Luert)* nachgewiesen. Man beachte darneben auch romanisch *Bernad*, a. 1099. Marca hisp. n. 322. = *Bernard* l. c.

---

[1]) Vgl. altfries. *stith*, ags. *stið* (streng, hart).

[2]) Bei Johansen S. 18 nordfriesisch *Bruudar* und *Braar*. Letzteren Namen halte ich für die contrahirte Form.

6*)

Die contrahirten Namen *Dirk (Tyarck)*, *Frerk*, *Wirk* sind zunächst hervorgegangen aus den Formen *Diderk* (Oltman *Diderkes*, a. 1428. Oldenb. Lagerb. Fries. Arch. 1. 477), *Frederk* (Ryckel *Frederkes*, sæc. 16. Fries. Arch. 2, 109), *Widderke* (in Outzen's Gl. 458) durch Ekthlipsis des Dental ¹).

Die Syncope des Vocal im auslautenden Stamme *-rîk* zeigen auch

Alverk, sæc. 15. Fries. Arch. 1, 139. Vgl. *Alverryck*, sæc. 16. l. c. 2, 109.

Egherck und Tyart *Egherkes*, sæc. 16. Fries. Arch. 2, 111. Vgl. *Eggerik* Beninga, Verfasser der „Chronyk von Oostfrieslant". (Emden. 1723. 4º).

Helmerk, a. 1428. Oldenb. Lagerb. Fries. Arch. 1, 437.

Hillerck neben *Hilderich*, a. 1148. Jeversche Chronik. Fries. Arch. 2, 405. Vgl. *Hylderyck* Hedden, a. 1420. Fries. Arch. 1, 132; *Hilricus* Bemmana, a. 1355. l. c. pag. 117.

Hinerk (wangerogisch), *Hinnerk* (satterländisch), Fries. Arch. 1. 340; 159, vielleicht auch *Anarck*, a. 1525. Brenneisen 1 l. 4 n. 35 p. 144 = *Hinrik*.

Ulerk in Haupt's Zeitschr. 10, 306. Vielleicht gehört dazu auch *Orck*, bei Japicx 1, 6; *Oricus*, in Outzen's Gl. 445 mit Ekthlipsis des *l*. Vgl. *Ulryck*, sæc. 16. Fries. Arch. 1, 420.

Der Name *Frethirik*, sæc. 10. Crecel. 1, 15 erscheint in jüngerer Zeit bei den Friesen in den Formen *Frederk*, *Freryk* (Ryckel *Frederkes* und *Frerykes*, sæc. 16. Fries. Arch. 2, 109 und 111), *Frerk*, *Frârk*; aber auch *Feido*, (*Feite*, Ubbo Emm. Schediasma de nomin.), *Feddo* (Popko *Feddama*, a. 1422. Ubbo Emm. l. 19 p. 289), verkleinert *Feddeco*, sind = *Fretherik*. Dies erhellt durch

Sicco *Feidsma*, a. 1422. Ubbo Emm. l. 19 p. 289 = Sicke *Fricksma*, a. 1422. Egger. Ben. l. 1 c. 221 p. 226;

Feddeco Uninga, a. 1422. Ubbo Emm. l. 19 p. 289 = *Frerick* Unga, a. 1420. Egger, Ben. l. 1 c. 217 p. 209.

---

*) Zu S. 459, Anm. 1.

¹) Ekthlipsis des Dental ohne Syncope des Vokal in *-rik* zeigt *Freryk*, sæc. 16. Fries. Arch. 1, 418.

Feddeko, Feideco verkürzt sich weiter zu *Feico* (Leibn. Collect. etym.), *Ficke* (a. 1428. Oldenb. Lagerb. Fries. Arch. 1, 453).

Vicko de Alkun, a. 1300. Cod. dipl. Lubec. 2 n. 114 p. 98 ist = *Fredericus* de *Alecun*, a. 1299, l. c. 110 p. 94.

Die Ekthlipsis des r in *Fedo*, *Feito* (= *Ferdo* d. i. *Fretho*) zeigt auch die romanische Form *Federicus*, a. 1188. Mittar. Ann. Camald. 1 n. 132, weiter verkürzt *Fericus* (imperator), a. 1178. l. c. De vet. conv. col. 429.

7*)

Die Metathesis in der Sprache der Friesen, wie der Niederdeutschen überhaupt, häufig im Gebrauch darf bei der Betrachtung friesischer Namen nicht ausser Acht gelassen werden.

Besonders hervorzuheben sind hier zwei Stämme, die zur Bildung friesischer Namen sehr oft verwendet erscheinen: *wolf (olf)* und *brand (brond)*.

Den Stamm *wolf (ulf, olf)* zeigen:

Blekulf 15, *Blitholf* 27, *Esulf* 14, *Edelulf* 16, *Eilulf* 16, *Geldulf* 15, *Gerulf* 17, *Liudulf* 15, *Merulf* 14, *Meginulf* 21, *Thiadulf* 21 bei Crecel. 1¹);

die Metathesis *lof*, *lef*²) die Männernamen:

Rycklof, a. 1420. Fries. Arch. 1, 132 = nordfries. *Rikolf*, nach Johansen. Nordfries. Spr. S. 18;

Roelof (Bischof von Utrecht), a. 1424. Egger. Ben. l. 2 c. 16 = *Rudolf* (Hroðulf);

Alof (Sohn des Grafen Gerdt von Oldenburg), a. 1481. Egger. Ben. l. 2 c. 134 = *Adolfus* (idem), a. 1475. Ubbo Emm. l. 27 p. 414;

Luloff Koners, a. 1514. Egger. Ben. l. 3 c. 168 = *Ludolfus* Coenderus. a. 1499. Ubbo Emm. l. 38 p. 579;

Frellof in Outzen's Gl. 431 = *Fredolf* oder *Frodolf*;

Aleff Schelge, a. 1398. Ubbo Emm. Fasti consul. reipl. Gron. De agro Frisiæ p. 79 = *Adolf;*

---

*) Zur S. 464.
1) *Engilolf* 6, *Ferolf* 7, *Hrotholf* 9, *Thankolf* 5, *Waldolf* 7, *Winotholf* 9, l. c. sind Sachsen.
2) Doch vgl. S. 463 bei *Sleff*.

Relef-us Eusumanus, a. 1498. Ubbo Emm. l. 37, p. 558 = *Roloff* van Ewesum, a. 1498. Egger. Ben. l. 3, c. 26;

Didelef, a. 1391. Egger. Ben. l. 1 c. 171; *Taedleff, Tyallef,* sæc. 16. Fries. Arch. 2, 109; 112; *Thiadulf*, sæc. 10. Crecel. 1, 21;

Eskelef (Berendt *Esskeleffs*), a. 1592. Fries. Arch. 2, 97 = *Asculf*, sæc. 9. Wigd. Trad. Corb. 58;

Foleff Inhusanus, a. 1494. Ubbo Emm. l. 35 p. 527 = *Folculf*, sæc. 9. Wigd. Trad. Corb. 233;

Gerleff, a. 1435. Fries. Arch. 1, 494 = *Gerulf*, sæc. 10. Crecel. 1, 17;

Graleff, sæc. 16. Fries. Arch. 2, 110; *Gralff*, l. c. pag. 109 = *Graulf*, a. 730. Trad. Wizenb. n. 16;

Hedlef, sæc. 16. Fries. Arch. 1, 419 ¹) = *Hadulf*, sæc. 9. Wigd. Trad. Corb. 249, kaum *Haidolf*, a. 774. Trad. Wizenb. n. 53.

Jallef neben *Jalff*, sæc. 16. Fries. Arch. 2, 109;

Jullef, sæc. 16. Fries. Arch. 1, 420; *Jolleff*, a. 1420. l. c. 1, 133;

Meleff, a. 1435. Fries. Arch. 1, 494 = *Medlef* d. i. *Modulf*, sæc. 8. Cod. Lauresh. n. 1681;

Marcklef, bei Seger = *Marculf*, sæc. 9. Wigd. Trad. Corb. 228;

Rhenleff, sæc. 16. Brenneisen 1, l. 5 n. 11 p. 171 = *Reginulf*, (mancip.), a. 820. Beyer. 1 n. 52;

Riclef, a. 1511. Ubbo Emm. l. 43 p. 677;

dann der Frauenname

Bindelefa, a. 1475. Ubbo Emm. l. 27 p. 411; *Binlcf* f., bei Seger = *Bandolfa?* Vgl. nordfries. *biend* (Band), *bjen* auf Silt. Outzen Gl. 23.

Eine Verkürzung dieser mit *-lef (-olf)* gebildeten Namen scheinen zu sein:

Ricle, a. 1425. Fries. Arch. 1, 498 ²) = *Ricklef* bei Seger *Rikolf*, sæc. 10. Crecel. 1, 6; dann aber auch

Frelle, süddänisch *Frella*, in Outzen's Gl. 448 = *Frellof*, *Frodolf* oder *Fredolf*. Vergleiche auch den dänischen Geschlechtsnamen *Frill* l. c.

---

¹) *Hedlef* und *Hadlef* m. dann auch *Hedewig* f. bei Seger.
²) Oder sollte *Ricle* statt *Ryckel*, sæc. 16. Fries. Arch. 2, 109 stehen?

Melle, im Patronymicum *Mellama* (Sirck), a. 1442. Egger. Ben. l. 1 c. 221 p. 226 = *Meleff,* (a. 1435. Fries. Arch. 1, 494);

Ralle (Robeke *Ralle*), a. 1428. Oldenb. Lagerb. Fries. Arch. 1, 478 = *Rallef* d. i. *Redolf* = *Rudolf,* nicht *Radolf.*

Dass diese Namen mit *Rollo (= Rodilo)* und den ähnlich verkürzten Deminutiven, die im ersten Theile S. 311 — 313 Beachtung gefunden haben, der Form nach zusammen fallen, darf nicht beirren.

Den Stamm *brand (brond, brund), bern* durch Metathesis und Apocope des Dental, zeigen:

Fulf *Siberens* [1]), a. 1387. Fries. Arch. 1, 121 = Folef *Sibrandus,* a. 1387. Ubbo Emm. l. 15 p. 220; Olde *Syberen,* sæc. 16. Fries. Arch. 1, 420;

Alberen, a. 1428. Oldenb. Lagerb. Fries. Arch. 1, 466; Vgl. *Adalbrandus* (abbas), sæc. 10. Crecel. 1, 23;

Frethebern, sæc. 13. Fries. Arch. 1, 110;

Geilbern, sæc. 16. Fries. Arch. 2, 351;

Rodbern, a. 1214. Ubbo Emm. l. 8 c. 118;

Tjabbern (Hoitet) neben *Tiabrenn* (Hoitet), a. 1557. Brenneisen 1, l. 5 n. 43 p. 213; Hoitet *Tiabberen* bei Egger. Ben. l. 4 c. 227 p. 841 [2]);

dann mit weiterer Apocope des *n:*

Tyabber (Unne). a. 1574. Brenneisen 1. l. 7 n. 5 = *Tyabbern* (Onno), a. 1576. l. c. n. 12; Hoitetus *Tiaberius,* a. 1547. Ubbo. Emm. l. 59 p. 933;

Wulber, im Patronymicum *Wulbering* (Henneke), a. 1428. Oldenb. Lagerb. Fries. Arch. 1, 444. Vgl. *Wilbrand,* sæc. 10. Crecel. 1, 17. Siehe S. 467 bei *Wobbo.*

Gerberus (Joannes), a. 1448. Ubbo Emm. l. 23 p. 364. Vgl. *Gerbrand,* sæc. 10. Crecel 1, 14; *Garbrand* (Dirk *Garbrands*), a. 1664. Egger. Ben. l. 2 c. 167 Anm. p. 406.

Godber (nordfries.) bei Johansen. Nordfries. Sprache S. 18 = *Godbrand?*

---

[1]) *Sibern* bei Seger; lno *Siberna,* a. 1433. Ubbo Emm. l. 21, p. 332.

[2]) Von diesen zu trennen sind die altfriesischen Namen *Eðelbern* 17; *Eilbern* 16; *Reinbern* 15; *Rodbern* 14; *Saxbern* 14; *Folkbern, Hobern* 9; altsächsisch *Tiatbarn* 6 bei Crecel. 1. Der auslautende Stamm ist hier altfries. *bern,* altsächs. *barn* (Kind, Sohn).

Lubber (a. 1407) in Haupt's Zeitschr. 10, 301 [1]). Vgl. *Liudbrand*, sæc. 10. Wigd. Trad. Corb. 407.

Rember (Addek *Rembers*), a. 1428. Fries. Arch. 1, 463. Vgl. *Renbrund, Renbrand*, sæc. 10. Crecel. 1, 14; 16.

Übrigens wird noch eine sorgfältige Untersuchung nöthig sein, um festzustellen, ob der auslautende Stamm in den zuletzt genannten Namen nicht etwa -*bert* mit abgeworfenem Dental sei, was wenigstens bei dem Patronymicum *Rembers* und auch in *Ripper* Heide, a. 1547. Egger. Ben. l. 4 c. 149 p. 796 wahrscheinlich ist.

Metathesis zeigen endlich die Namen:

Strom (Alerd). a. 1428. Oldenb. Lagerb. Fries. Arch. 1, 466 = *Storm, Sturm*.

Harnig und *Mernig* m. bei Seger = *Haring, Mering;*

Gérdert (wangerogisch). f., Fries. Arch. 1, 341 = *Gertrud;*

Hebrigis (Tochter des Gerold Beninga), a. 1426. Ubbo Emm. l. 20 p. 297 = *Hedbirgis (Hadepirch)?* Vgl. *Habergia*, a. 1070. Cartul. de Cormery n. 40. Vielleicht auch

Söster, Süster (nordfriesisch) f., Outzen's Gl. 450 = *Söstert, Süstert* d. i. *Sestrit* (sæc. 12. Langeb. Scr. 3, 443)?

Arent (= *Arnold* in Outzen's Gl. 423) statt *Arnet*.

Nachtrag.

S. 445, zu *Ruppo:* Vgl. englisch *Bobb* (d. i. *Robert*) = *Robb* (Kosenamen 1, 287). Dass ein Sohn des Pfalzgrafen Adelbero und Bischof zu Utrecht in Thangmari vita Bernwardi ep. c. 1. (Pertz, Mon. 6, 758. 15) *Folcmarus*, in der Vita Johannis Gorzensis, c. 47, ad a. 970 (Pertz, Mon. 6, 350, 35) *Popo* genannt wird, dass ferner Thietmar in l. 8, c. 5 der Chronik (Pertz, Mon. 5, 863, 22) *Wolkmar* (abb. Fuld. et Lanresham. † a. 1018) in l. 6, c. 56 (l. c. pag. 833, 9) *Popo* nennt, daraus folgt keineswegs eine Identität dieser beiden Namen. *Poppo* kann weder eine Verkürzung noch eine Contraction aus *Folcmar* sein; es sind zwei ganz verschiedene Namen einer Person (vgl. Kosenamen 1, 260 fg.).

„447, nach *Noppo:* *Hippa* (Theodorici M. dux), sæc. 5. Jorn. 58; *Hippo* (in *Hippinge* gud), a. 1428. Oldenb. Lagerb. Fries.

---

[1]) Vgl. *Lopper* in dem Ortsnamen *Loppershem*, Ubbo Emm. l. 21, p. 320 = *Loppert* d. i. *Liudbert*.

Arch. 1, 457 = Hilperich? Vgl. Kosenamen 1, 283.

S. 450, zu *Oms:* Vgl. den Anlaut des armorischen Frauennamens *Omguen*, a. 1051. Cartul. Roton. App. n. 58.

„ 459, zu *Lyurt:* *Luerdus* Caterus, a. 1498. Ubbo Emm. l. 37, p. 558 erscheint bei Egger. Ben. l. 3, c. 26 p. 433 in der Verkürzung *Luut* Cater.

„ 463, zu *Tyalff:* *Dilv* (südfriesisch) in Outzen's Gl. 427.

„ 465, zu *Rupilo:* Baierisch-österreichisch *Rüepel* = *Ruprecht*. Vgl. *Ruepolt*, a. 1340. Urk. der Bened. Abtei zu den Schotten in Wien, n. 195.

nach *Albica:* *Hippeke* im Patronymicum *Hippeking* (Meine), a. 1428. Oldenb. Lagerb. Fries. Arch. 1, 452.

„ 495, zu *Melle:* Liegt vielleicht dem Patronicum *Mellama* der einfache Name *Milo* (sæc. 13. Fundatio Rasted. Fries. Arch. 2, 255.) zu Grunde? Vgl. *Mello* Synada, a. 1427. *Ubbo* Emm. l. 20 p. 303.

Berichtigungen zum ersten Theil.

(Sitzungsber. LII. Bd.)

S. 261: andere statt anderer.

„ 265: *Thiadbrund* statt *Thiudbrund*.

„ 270: (*Gisprandus*, a. 1013.) Mittarelli, 1 statt l. c.

„ 271: Vita Droplogidarum statt Vita de Dropl. *Þrumr* statt *Prumr*.

„ 278: Nr. V, 2 statt Nr. 4. — Anm. 2: Nr. IV, 1, S. 304 statt Nr. 3.

„ 280: *Gemma* statt *Gemmo*.

„ 283: *Hilperich* statt *Hiperich*.

„ 298, Anm. 1: *Agunila* ist wahrscheinlich ein armorischer Frauennamen. Vgl. im Cartul. Roton. *Agun*, sæc. 9. n. 192; *Ili*, a. 852, n. 35; *Ilian*, a. 837, n. 177 = *Illian*, n. 179; *Mabilla* neben *Mabilis* f., a. 1132. n. 353.

„ 300: (vgl. die Nummer VI, 2) statt (vgl. die folgende Nummer).

„ 334: *Wezelinus* = *Werinharius* (Mogunt. ep.). a. 1084. Ann. Hildesheim. Pertz, Mon. 5, 105, 51; a. 1085. Ann. August. l. c. pag. 131, 37. statt *Wezelinus* = *Werinharius* (Mogunt. ep.) a. 1084. Ann. August. etc.

Anm. 5: (Argent. ep.) statt (August. ep.), dann pag. 794 statt 497 und Ann. Hildesheim. statt Ann. Argent.